왜
우리는 늘
다투는
걸까?

왜
우리는 늘 다투는 걸까?

신영호_지음

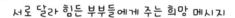

서로 달라 힘든 부부들에게 주는 희망 메시지

시그마북스
Sigma Books

왜 우리는 늘 다투는 걸까?

발행일 2016년 3월 7일 초판 1쇄 발행
지은이 신영호
발행인 강학경
발행처 시그마북스
마케팅 정제용
에디터 권경자, 장민정, 최윤정
디자인 윤수경

등록번호 제10-965호
주소 서울특별시 영등포구 양평로 22길 21 선유도코오롱디지털타워 A404호
전자우편 sigma@spress.co.kr
홈페이지 http://www.sigmabooks.co.kr
전화 (02) 2062-5288~9
팩시밀리 (02) 323-4197
ISBN 978-89-8445-783-6 (03180)

이 도서의 국립중앙도서관 출판예정도서목록(CIP)은 서지정보유통지원시스템 홈페이지(http://seoji.nl.go.kr)와
국가자료공동목록시스템(http://www.nl.go.kr/kolisnet)에서 이용하실 수 있습니다.(CIP제어번호: CIP2016004470)

* **시그마북스**는 ㈜시그마프레스의 자매회사로 일반 단행본 전문 출판사입니다.

부부생활은 길고 긴 대화 같은 것이다.
결혼생활에서는 다른 모든 것은 변해 가지만
함께 있는 시간의 대부분은 대화에 속하는 것이다.

-니체-

contents

2부
| 결혼 3년차가 미래를 결정한다 |

3부
| 무엇이 결혼 3년차를 힘들게 하는가? |

부부는 우리 사회의
버팀목이다

사람은 누구나 자기가 좋아하는 사람과 함께 행복한 삶을 살기를 원한
다. 인생의 황금기에 자신의 가장 소중한 것을 아낌없이 결혼에 투자하
는 이유도 행복이 가져다주는 열매가 더 크고 좋을 것이라는 확신이 있
기 때문이다. 결혼을 하는 사람들에게 '당신은 왜 결혼을 하십니까?'라
고 물을 때 대다수가 '행복하기 위해서요'라고 대답하는 것도 혼자서는
도저히 맛볼 수 없는 관계의 극치를 부부라는 특별한 관계를 통해서 이
루고 싶기 때문이다. 대부분의 연인들이 꿈꾸는 것과 마찬가지로 사랑
하는 사람과 세상 끝 날까지 행복을 누리며 살고 싶은 마음은 부부가
되려는 모든 사람의 일반적인 특징이 아닐까 생각해본다.

그런데 이렇게 행복을 꿈꾸며 결혼에 골인한 부부들이 행복을 꽃피

우기도 전에 온갖 갈등과 다툼이라는 예기치 않았던 장애물을 만난다. 사랑한다는 고백과 함께 그윽한 시선으로 만날 때마다 행복을 느꼈던 시절은 어디로 사라지고, 도끼눈도 모자라 '당신 때문에 못 살겠다'는 말이 자연스럽게 나오는 자신을 보면서 스스로 놀란다. 결혼생활이 마냥 행복할 것이라고만 믿었던 연인들이 이제야 환상에서 깨어나 현실을 마주하게 된 것이다. 세상에서 가장 행복하고 아름다웠던 결혼 행진곡이 이렇게 슬픔뿐만 아니라 치명적인 상처도 가져다준다는 사실을 하나 둘 경험하는 순간이다.

결혼은 유리그릇에 담긴 음식과도 같다. 잘 다루면 신이 내려준 가장 소중한 축복이지만, 잘못 다루어 그릇이 깨어지거나 흠이 생기면 담긴 음식도 먹지 못할 뿐만 아니라 상처를 입을 수도 있다. 부부의 결혼생활이 흔들리거나 깨지면 인생의 한 축이 허물어지는 것과 같다. 재혼하면 된다는 생각을 할 수도 있겠으나, 대개의 경우 초혼보다 더 어렵고 상처가 되기 때문에 신중해야 한다. 결혼생활이 깨졌다는 것은 서로 문제가 있다는 것인데, 그 문제를 해결하지 않은 채 다른 사람을 만난다면 그 결과는 똑같을 수밖에 없다.

그래서 결혼은 행복한 삶을 보장해주는 마침표가 아니라 두 사람의 결혼생활이 건강하고 행복하냐고 서로에게 묻는 물음표요, 나는 진정 누구며 어떻게 살아야 행복한 것인지 마음으로 느끼는 느낌표다. 인생을 항해에 비유하는 것도 이런 이유에서다. 순풍에 돛 달고 푸른 파도를 거침없이 질주하는 낭만적인 항해는 출항하기 전에 그리는 환상에 지나지 않는다. 정박해 있던 항구에서 닻을 올리고 출항하는 순간부터 목적지에 갈 때까지 예기치 못한 날씨와 거친 파도 등 각종 위험이 도사리고 있다.

부부도 이와 같다. 두 사람이 사랑에 빠져 결혼에 골인하기만 하면 행복이 영원히 지속될 거란 생각은 환상 속에서나 가능한 일이다. 두 사람이 원하는 결혼생활이 되기 위해서는 뼈를 깎는 고통과 수고가 따라온다.

이 책이 부부가 처음 그렸던 '행복한 결혼생활'이, 삶에 지치고 상처로 얼룩져 빛바랜 그림이 되었음에도 두 사람이 완성한 작품이라 착각하며 삶에 안주하고 있는 부부들에게 작지만 가치 있는 습관을 새롭게 만드는 데 도움이 되었으면 한다. 그래서 무턱대고 부부관계는 이렇게 하면 된다는 식의 적용 방법이나 지침들을 제공하면서, 잘 따라 하면 문제가 해결된다라는 구성은 최대한 배제하려고 했다.

이 책을 가까이 하면서 지금까지 볼 수 없었던 자신의 모습이 하나둘 보이게 된다면 그것으로 족하다. 그리고 조물주가 왜 자기 자신의 얼굴을 볼 때 상대방의 도움을 받거나 거울 같은 도구를 사용해야만 볼 수 있도록 했는지 깨닫게 된다면 참 기쁠 것이다. 부부가 왜 아무것도 아닌 일에 다투고 심각한 갈등 속으로 치닫게 되는지 자신의 모습을 삶의 현장 곳곳에서 발견하면서 놀랄 것이다.

그리고 이런 고백을 할 것이다. '우리 부부가 그렇게 다투고 때론 심각한 갈등을 일으켰던 일들이 한곳에 안주하려는 나태에서 벗어나, 작지만 의미 있는 변화의 주인공이 되어 좀 더 나은 삶을 살아 보려는 또 다른 삶의 모습이었구나'라고 말이다.

지금 우리 사회는 부부 문제로 인해 가정이 해체되어 무너지는 속도가 굉장히 빨라 대책을 세우기조차 어려운 상황이 되고 있다. 밝고 유쾌한 웃음소리보다 아픔으로 인한 탄식이 더 많이 들리고 있다. 이 문제 속으로 깊이 들어가 보면, 부부 불화가 원인이 되어 가정에 고통을 주는 것으로 끝나지 않고 사회 전체에 심각한 부작용을 가져다주고 있다. 이런 사회적 불안과 문제를 해결하는 열쇠는 가정 안에 있고, 그 주체는 부부가 되어야 한다. 부부는 한 가족을 세워가는 중심축인 동시에, 건강한 사회를 이루는 필수 요소이기 때문이다.

부부가 행복하면 가정은 반드시 행복하게 되어 있다. 긍정의 에너지를 가진 작은 실천 하나가 '나비 효과'가 되어 그 누구도 예상하지 못했던 강력한 영향력을 나타낼 것이다.

이 책이 상처로 얼룩진 이 땅의 부부들에게 조금이나마 마음의 위로와 용기를 전하는 메신저가 되었으면 하는 마음 간절하다.

신영호

사랑과 행복은 주고 또 주어도 결코 줄어들거나 사라지지 않는다. 아니 상대방에게 주면 줄수록 오히려 더 좋고 아름다운 것으로 새롭게 채워진다.

1부

천상의 주인공을
꿈꾸다

결혼,
구름 위를 걷는 기분

1995년 따스한 봄날, 청춘들의 꿈과 낭만 그리고 지성이 살아 숨 쉬는 대학 캠퍼스에 천상의 주인공을 꿈꾸는 두 남녀가 대강당을 가득 메운 하객들의 축하와 환호 속에 등장하고 있다. 남자 주인공이 피아노 반주에 맞추어 발걸음을 옮기는데 그 발걸음이 경쾌해 세상을 다 가진 것처럼 당당한 모습이다. 그 뒤를 이어 여자 주인공이 아버지의 손을 살포시 잡고 식장에 들어서자 약속이라도 한 듯 모두 기립해서 박수와 환호를 보낸다.

● 왜 우리는 늘 다투는 걸까?

우리 두 부부에게는 이 시간이 천상의 주인공이 된 역사적인 날이었다. 축가가 무르익어갈 무렵 황홀한 분위기를 주체하지 못한 나는 아내에게 이런 말을 속삭였다. "와~ 정말 멋있다. 우리 매년 이렇게 결혼식을 하듯이 축하하며 살자." 아내 역시 기뻐하며 이 말에 약속을 했던 그 날이 올해로 정확하게 20년 전이다.

처음 하는 결혼식이었지만 떨지 않고 즐겼던 것 같다. 우리 두 사람이 공식적인 부부로서 첫걸음을 떼는 시간, 행진할 때의 장면이 지금도 눈에 선하다. 수많은 인파의 환호와 박수갈채를 받으며 걸어가는 그 짧은 시간이 마치 '구름 위를 걷는 기분'이라고밖에는 달리 표현할 길이 없었다(인생에서 처음 받아 보는 환대였기에). 폭죽과 꽃가루 세례는 캠퍼스를 덮고 있는 개나리와 진달래꽃보다 더 향기롭고 아름다운 천상의 꽃이었고, 축하를 해주기 위해 온 하객들은 천군 천사들이라고 착각할 정도로 최상의 결혼식이었다(적어도 필자는 지금도 그렇게 생각하고 있다).

'시작이 좋으면 결과도 좋다'는 말이 진리라면 얼마나 좋을까 생각해 본다. 구름 위를 걷는 천상의 주인공을 꿈꾸던 20년 전의 젊은 남녀가 지금도 천상의 주인공으로 살아가고 있고, 시작이 황홀하고 아름다웠으니 지금도 여전히 그 황홀함과 아름다움을 향기로 가득 채우면서 살고 있다고 말이다.

행복한 결혼생활은 나에게 달렸다

어느 부부특강에서 젊은 부부가 '강사님은 부부치료를 전공하신 분이니 부부 문제는 없겠어요'라고 질문했다. 그 젊은 부부에게 "너무 잘 알아서 오히려 더 문제가 많습니다. 저도 여러분의 삶과 크게 다르지 않습니다"라며 웃어 넘겼다.

결혼을 하는 사람이면 누구나 좋은 배우자를 만나 행복하게 살다가 해피엔딩으로 끝나는 것을 꿈꾼다. 그러나 뜻을 정하고 꿈을 꾼다고 그대로 되는 것은 아니다. 하나에서 열까지 전부 다 땀 흘리고 노력해서 만들어가야 하는 쉽지 않은 길이다.

이쯤에서 솔직한 고백을 한다면 필자는 '결혼생활이 행복하려면 좋은 배우자를 만나야 한다'는 말에 전적으로 동의하며, 이 말을 진리로 여겼다. '좋은 배우자를 만나야 한다'는 말 속에는 행복하면 내가 잘난 덕이고, 불행하면 배우자 탓으로 돌리겠다는 잘못된 심보가 자리 잡고 있다는 사실을 심리상담을 전공하면서 알게 되었다. 아마도 이런 공부를 하지 않았다면 필자는 지금도 여전히 '좋은 사람과 결혼해야 행복하다'는 말에 평생 순응하면서 모든 불행의 원인을 배우자에게 떠넘기며 살았을 것이다.

요즘 강의와 상담 현장에서 부부들이 겪고 있는 애환을 듣고 있노라면, 그들의 깊은 한숨 속에 아직도 '내가 만약 좋은 사람을 만났다면 행복했을 것'이라는 그릇된 생각이 있는 것 같아 안타깝고 마음이 아프

　　　　　　　　　　　　• 왜 우리는 늘 다투는 걸까?

다. 이런 부부들과 함께 이야기를 나누다가 '아, 맞는 말이에요', '내가 정말 이기적이었군요'라는 고백을 들을 때면 머리가 띵할 정도의 전율과 함께 감동이 몰려온다.

그래서 필자는 당당하게 말할 수 있다. 행복한 결혼생활은 '배우자가 좋은 사람이냐가 아니라 내가 좋은 사람이냐에 달려 있다'고 말이다. 그러므로 구름 위를 걷는 천상의 주인공은 꿈만 꾼다고 되거나, 누군가에게 우연히 선물로 받는 것이 아니다. 땀과 눈물로 두 사람이 하나 둘 만들어가야 되는 삶의 흔적인 것이다.

결혼과 결혼생활은 별개

만약 이런 사실을 결혼하는 과정에서 미리 알았더라면 지나간 20년의 결혼생활이 조금은 달라졌을 것이라고 생각한다. 하지만 필자는 이런 사실을 전혀 모른 체 결혼식장의 분위기에 들떠 세상에 둘도 없는 가장 행복한 사람이었고, 세상을 다 가진 것 같은 기쁨에 두려움이나 초조함도 없었다. 세상은 살 떨릴 만큼 치열하다는 것과 피 말리는 전쟁의 연속이라는 것도 모른 체 여전히 환상 속을 거닐고 있었다. 그래서 부부가 무엇을 준비하고 어떻게 대비해야 건강한 결혼생활을 할 수 있는지 미리 준비해야 하는데, 그 어떤 준비도 없었다. 마치 이제 막 운전면허증을 발급받은 초보와 다를 바 없었다.

운전면허가 있다고 해서 운전을 잘하는 것은 아니다. 운전면허증이 운전을 해도 된다는 법적 증명서에 불과한 것처럼, 결혼은 이제 두 사람이 부모의 곁을 떠나 새로운 가정을 이루었다는 법적 증명일 뿐이다. 결혼과 결혼생활의 행복은 전혀 별개의 문제다. 그런데 많은 사람들이 결혼만 하면 행복은 당연히 따라올 것이라는 막연한 기대에 빠져 있다. 필자 역시 예외는 아니었다. 이 구름 위를 걷는 꿈같은 환상은 그리 오래가지 않았다.

결혼을 했으면
행복을 향해 달리자

부부는 고귀한 사랑으로 맺어진 특별한 관계다. 부부들의 연애시절 이
야기를 들어봐도 두 사람이 함께했던 시간은 다른 사람들이 경험하는
것과는 전혀 다른 특별한 시간이다. 우리 부부도 세상이 달라 보였던
그때의 특별한 경험이 있다. 세상이 참 아름답다며 이야기를 나누었
고, 길거리 음식을 먹으면서도 얼굴에 미소가 가득했으며, 주변의 작
은 일 하나에도 관심이 끊이지 않았던 때가 있었다. 이 만남과 사랑이
결혼으로 이어졌다면 이유를 불문하고 행복으로 가야 된다.

결혼에 대한 환상에서 벗어나라

그러나 현실은 신혼 초부터 예기치 않은 곳에서 갈등이 생긴다. 황홀했던 둘만의 신혼여행에서 돌아온 첫날부터 친정과 시댁으로 직행해 인사를 드려야 하는 고된 일정이 시작된다. 여행에 지친 몸을 이끌고 어른들 비위 맞추며 시중을 드는 것은 쉬운 일이 아니다. 친척들 인사에, 집들이라는 명목으로 손님을 여러 번 대접하고 나면 녹초가 된다.

　이런 일상에 대해서 예상하지 못한 것은 아니지만, 몸이 피곤하고 지치면 짜증이 올라오는 것이 일반적인 현상이다. 더구나 두 사람은 결혼 전에 자기만의 공간에서 자신이 원하는 일을 하며 자유롭게 살았던 사람들이 아닌가? 두 사람이 함께 부부로 살다 보니 전혀 예상하지 못한 일들이 벌어지면서 작은 갈등이 일어나게 된다. 이쯤에서 결혼에 대한 환상에서 벗어나지 않으면 안 된다. 부부가 사랑만으로 맺어진 관계라는 말은 상상 속에서나 있을 법한 이야기다.

　실제로 많은 예비부부들이 상대방에게 호감을 느끼는 동시에 상대방이 어떤 조건을 가지고 있는지 면밀히 살피는 것을 볼 수 있다. 사람이 지극히 이기적이라는 것은 자명한 사실인데, 특히 결혼 문제는 인생에서 가장 중요한 일이라서 그런지는 몰라도 이기적인 요소가 많이 포함되어 있다.

　겉으로는 사랑해서 결혼한다고 하면서 속으로는 계산기를 두드리며 내게 맞는 조건의 사람을 찾는 것이다. 성격은 괜찮은지, 책임감 있고 성실한지, 경제력과 직업은 괜찮은지, 인물과 마음 씀씀이는 어떠한지, 집안은 괜찮은지 철저하게 검증하고 확인하면서 여러 조건으로 순위를 매기고 평가한다. 여기서 어느 정도 만족해야 결혼하기로 결심을 한다. 대개의 경우 자신과 비슷하거나 조금 나은 사람을 선택한다. 정확하게 말하면 치밀하게 계획을 세워 결혼을 한다고 해도 결코 틀린 말이 아니다.

문제는 이런 이기적인 마음이 결혼을 한 후에도 멈추지 않는다는 것이다. 여전히 계산을 하며 손해를 보지 않으려 한다는 것이다. '내가 왜 손해를 보면서 살아요. 어떻게 한 결혼인데…'라는 생각이 조금이라도 든다면, 이기적인 마음이 작용해 상대방의 조건을 하나하나 따져서 결혼한 것이라고 볼 수 있다.

그런데 문제는 여기서 그치지 않는다는 데 있다. 실제 결혼생활에서도 욕심이 생긴다. 욕심이 있다는 것은 상대방에 대한 기대가 많다는 것을 반증하는데, 그 기대가 충족이 되지 않을 경우 실망 또한 커질 수밖에 없다.

그렇다면 배우자에게 받은 마음의 상처를 최소화하거나 몸살감기 정도로 가볍게 넘기는 방법은 무엇일까? 바로 마음에 예방주사를 맞는 것이다. 로맨틱한 사랑이 유지되는 신혼 초기에 마음의 면역력을 높이는 것이 중요하다.

마음의 면역력을 높이자_ 연애

마음의 면역력을 높이기 위해 연애의 자리로 가 보자.

　로맨틱한 사랑의 최고의 정점은 프러포즈를 하는 시기라고 보면 된다. "당신과의 만남은 운명입니다"라는 말과 함께 "당신은 내게 특별한 사람입니다"라며 두 사람의 관계를 특별한 관계로 만들려고 한다. 이렇게 두 사람이 열렬히 사랑하게 되면 어떤 상황도 로맨틱하게 된다. 차가 없으면 걸어가는 불편을 감수하고서라도 맛집을 찾아 데이트를 즐기고, 남산 전망대에 올라 저녁노을을 보며 감동을 하면서, 바쁘게 움직이는 수많은 인파들을 바라보며 아름다운 순간을 함께하지 못하는 것을 측은하게 여기면서 말이다.

　이처럼 사랑의 감정이 올라오면 에너지가 넘쳐 쾌활하고 생기발랄해진다. 거울에 비친 자기 얼굴을 보면서 자신을 무척 대견스럽게 여긴다. '사랑받기에 충분하다'고 믿기 때문에 인생관도 건강하고 삶에 활력이 넘치는 것이다. 사랑이라는 감정이 올라와 서로에게 끌리는 단계가 되면 신경전달물질인 도파민이 방출되어 엔도르핀과 세로토닌이 생성된다. 이 물질은 두 사람의 인생을 황홀하게 바라보도록 하고, 심장을 쿵쾅거리게 하며, 에너지가 넘쳐 생기발랄하게 한다.

　로맨틱한 사랑에 빠진 두 사람은 어떤 문제가 와도 서로를 치료해줄 것 같고, 힘든 상황이 온다 하더라도 마음에 위로와 안정을 줄 것으로 기대하기 때문에 서로에 대한 신뢰와 친밀감이 최고조에 달한다. 이 시

　　　　　　　　● 왜 우리는 늘 다투는 걸까?

기에 비로소 "우리 결혼합시다", "평생 당신만 바라보며 살고 싶어요"
라며, 내 인생 최고의 선택이 바로 당신임을 고백한다. 여기서 많은 연
인들이 이런 마음을 갖는다. '지금도 이렇게 잘해주는데, 결혼하면 더
잘해줄 거야!' 라는 마음 말이다.

물론 사람에 따라 차이는 있지만 대부분의 부부가 결혼한 후에는 변
한다. 정확히 말하면 변한 것이 아니라 지금까지 살아왔던 삶의 패턴과
방식이 눈에 보이는 것이다. 그래서 배우자가 변했다고 착각을 하는 것
이다.

마음의 면역력을 높이자_ 결혼

이제 결혼의 자리로 가 보자.

결혼은 프러포즈처럼 사랑 고백으로 끝나는 것이 아니라, 두 사람
모두 결혼서약뿐만 아니라 서로의 사랑을 지켜 행하는 자리다. 서로의
조건이 조금은 부족하더라도 사랑이 아직도 식지 않고 남아 있다면 지
금부터 조금씩 현실을 인정하고 받아들이려는 노력을 해야 한다. 상대
방이 감당할 수 없는데 무리하게 요구하거나 희생과 헌신을 강요하면
두 사람의 관계는 결코 오래갈 수 없다.

이 세상에 완전한 사랑도 없고 완벽한 조건을 갖춘 배우자는 더더욱
존재하지 않기 때문에, 두 사람이 조금씩 마음을 맞추고 기대를 낮추어

나가면 행복한 결혼생활을 만들어갈 수 있다. 결혼은 완전한 조건에서 시작하는 것이 아니라, 현재의 조건과 환경을 딛고 일어나 행복을 향해 쉬지 않고 걸어가는 것이다. 지금 이 시간 두 사람이 한마음으로 정해진 방향을 향해 뚜벅뚜벅 걸어가고 있다면 이것이 사랑이고 행복인 것이다.

● 왜 우리는 늘 다투는 걸까?

어떻게
사랑이 변하나요?

"남편을 처음 만났을 때의 그 느낌을 잊을 수가 없어요. 너무 좋았어요. 언제나 함께하고 싶은 마음에 결혼을 했는데…. 그런데 지금은 최악입니다. 사랑해서 한 결혼이 이렇게 변하는 줄 알았다면 아마도 내 인생에서 결혼은 존재하지 않았겠죠."

결혼한 지 3년 된 어느 여성 분의 고백이다.

사랑해서 한 결혼

까치와 까마귀가 힘을 합쳐 다리를 만들어준다는 전설 속 러브스토리는 아니더라도 가슴 절절한 사랑 한 번 안 해본 사람은 없을 것이다. 신혼 초, 작고 사소한 문제들이 생겨나지만 두 사람의 사랑 전선에 적신호가 켜질 정도는 아니라서 별 이상 없이 지나간다. 그러나 시간이 흐르면서 언제부터인가 애틋했던 사랑과 간간히 전해오던 가슴 설렘은 점차 사라지고 그 자리에 답답함과 짜증이 주인 행세를 한다. 사랑이라 여겼던 순간들이 기억 속 아련한 추억으로 남은 것도 모자라, 가장 미운 사람 1순위가 배우자가 되는 가슴 아픈 현실과 마주한다.

분명 사랑해서 결혼했는데 말이다. 하나 더하기 하나는 둘이 정답인 것처럼, 사랑해서 결혼한 것이 사실이라면 결혼생활 역시 무조건 행복해야 되는 것이 이론상으로 맞다. 그런데 현실은 그렇지 않다. 부부 열 쌍 중 네 쌍이 이혼하고 있고, 세 쌍 마저도 각방을 쓰거나 대화를 거의 하지 않는 정서적 이혼 상태라고 한다. 다시 말해 우리나라 부부 열 쌍 중 일곱 쌍이 행복이 아닌 불행으로 치닫고 있는 것이다.

어느 부부세미나에서 젊은 남편이 이런 질문을 했다. "사랑해서 결혼하는 것이 맞죠?" 엉뚱한 질문이라고 여긴 사람들이 여기저기서 한바탕 웃음을 터트렸다. 그 남편은 사뭇 진지하게 질문을 이어갔다. "사랑해서 결혼했는데 말이죠. 사랑도 변하나요?" 이 물음에 웃음으로 시끌벅적하던 장내가 순간 고요해졌다. 질문을 받은 필자도 순간 당황했다. 그래서 얼른 다시 그 남편에게 "선생님은 결혼 후에 사랑이 변한 것 같으세요?"라고 질문했다. "사랑은 영원할 줄 알았어요. 그런데 변하더군요." 사랑은 변하지 않는 속성이 있기 때문에 사랑해서 한 결혼도 사랑과 마찬가지로 변하지 않기를 바라는 마음인 것이다.

평생 반려자이기에 사랑해야 한다

정말 결혼은 사랑해서 하는 것일까? 다른 시대도 오늘날과 같이 사랑해서 결혼했을까? 우리 부모님 세대에는 연애는 고사하고 결혼 대상자의 얼굴도 보지 못하고 집안 어른들이 주관해서 결혼하는 일이 허다했다.

지금의 시선에서 볼 때 본인의 의사와는 상관없이 집안 어른들의 이해타산에 따라 배우자가 정해지면 불행한 결혼생활이 되었을 것이라고 생각하기 쉽다. 그러나 우리의 우려와는 달리 나름대로 현명하고 지혜롭게 잘살았다. 로맨틱한 사랑은 아니더라도 가슴 설레는 낭만과 함께 마음을 나누는 애정으로 건강하게 살았다. 그저 배우자는 서로 힘을 합해 함께 걸어가는 반려자이자 동반자였던 것이다.

결혼의 본질은 우리가 흔히 말하는 그 사랑에 있는 것이 아니다. '사랑하기 때문에 결혼 하는 것'이 아니라 '서로 돕는 배필이기 때문에 사랑하는 것'이다.

로맨틱한 사랑에서 진정한 사랑으로

우리가 말하는 로맨틱한 사랑은 상대방의 강한 매력 때문에 불붙듯이 타오르는 감정을 말한다. 보이지 않는 어떤 강한 힘에 두 사람이 빠져들기 때문에 '첫 눈에 반해 콩깍지가 씌는 시기', 또는 '사랑에 눈이 머는 시기'라고도 한다. 이 단계에 이르면 연인들은 상대방의 부정적인 모습이 전혀 보이지 않는다. 어쩌다가 보이는 단점도 긍정적으로 보이고 세상에 둘도 없는 이상적인 사람으로 느껴지기 때문에 두 사람은 서로 강렬하게 빠져든다. 마치 일시적으로 마취를 당한 것처럼 아무런 감각을 느끼지 못하는 것이다.

로맨틱한 사랑은 마치 건초와도 같다. 건초더미에 불을 붙이면 순식간에 타오르듯이 상대방의 매력에 매혹되어 강렬하게 타오르면서 사랑이 영원히 지속될 것이라는 착각에 빠지게 된다. 결국 이런 마음은 앞으로 우리가 결혼을 하면 삶이 안정될 것이라고 생각하게 한다. 그 후에는 자신에게 더 많은 사랑과 관심을 줄 것이라는 기대 심리가 결혼으로 이끄는 원동력이 된다.

결혼은 꿈이 아니고 현실이기 때문에 첫눈에 반한 매력과 마취상태와 같은 로맨틱한 사랑에서도 서서히 빠져나오게 된다. 이때서야 비로소 진정한 사랑이 시작된다. 예전에 보이지 않았던 단점이 보이고 예기치 않았던 행동을 할 때, 배우자에게 많은 기대를 하고 있는 사람은 쉽게 마음에 상처를 받는다. 그러나 배우자의 조건이나 환경에 문제가 있어도 '돕는 배필'로서 역할을 다하겠다는 마음으로 주어진 역할을 다하는 것이 바로 진정한 사랑이다.

이처럼 사랑은 그 자체에 창조성이 있어서 누군가를 사랑하는 마음이 생기면 자기희생과 애정이 샘솟듯 솟아나게 된다. 깊은 산속 옹달샘이 물을 퍼내면 퍼낼수록 더 깊은 물맛을 내는 것처럼, 부부가 이타적인 마음을 가지면 두 사람은 물론이거니와 자녀를 비롯한 주변 사람들에게 사랑의 깊은 맛을 끊임없이 제공할 수 있다. 그러므로 부부의 사랑은 이미 받았기에 순수하게 주는 것이며, 아낌없이 줌으로써 다시 생산되어 더 큰 사랑으로 성장한다.

사람은 누구나 사랑받고 인정받을 때 자존감이 생긴다. 자기 자신을 있는 그대로 사랑하는 사람은, 배우자도 내 몸과 같이 사랑하는 아름다운 삶을 살 수 있다.

사랑은 말이 아니라
행동이다

말로는 어떻게 하겠다고 열 번이고 백 번이고 약속하고는, 정작 약속을 지키지 않는다면 아무것도 하지 않고 있을 때보다 상대방을 더 자극하게 된다. 사람은 말하는 순간 상대방의 의도를 알고 거기에 맞추어 마음을 열고 준비하기 때문에 약속을 해놓고 지키지 않으면 받는 충격이 크다.

사랑은 단순히 마음으로 느끼는 감정만을 말하는 것이 아니다. '사랑한다'라고 말로 하는 고백도 중요하지만, 이것보다 더 값지고 의미 있

● 왜 우리는 늘 다투는 걸까?

는 것이 있다. 천 가지의 사랑을 느끼고, 백 마디 말로 사랑을 고백한다 하더라도 배우자가 자신이 원하는 것을 행동으로 옮길 때의 고마움에 비하겠는가?

립 서비스는 안 한 것만 못하다

남편이 바쁜 회사 일로 힘든 하루를 보내고 피곤에 지친 모습으로 집에 왔을 때, 아내가 남편을 보고 마음속으로 '가정을 위해 우리 남편이 수고하고 있구나'라고 생각만 하고 있는 것과, '당신, 수고 많았네'라며 말로 표현하는 것, 그리고 '여보! 많이 힘들지. 수고 많았어. 내가 어깨 좀 주물러줄게'라며 말로 표현하면서 남편의 어깨를 주물러주는 것은 차이가 많다. 여기에는 비록 작고 사소하지만 비교가 불가능할 정도의 힘이 있다.

부부관계는 워낙 가깝고 친밀하다 보니 앞뒤 가리지 않고 립 서비스만 하는 경우가 많다. 결혼기념일이나 생일날에 말만 번지르르하게 해놓고 정작 당일이 되면 언제 그랬느냐는 듯이 안면몰수해버린다. "여보! 이번 생일에는 꼭 잊지 않고 미역국과 생일상 차려줄게. 그러지 말고 이번 주말에 가까운 곳으로 여행이나 다녀올까?"라고 말해놓고, 약속한 당일에 아무런 말도 없이 그냥 넘어가거나 아이들 핑계를 대면서 엉뚱한 말을 한다면 배우자는 낙심할 수밖에 없다.

사람은 누구나 자기가 주인공이 되는 기념일에 진심 어린 축하를 받으며 이 날만이라도 멋진 주인공이 되고 싶은 욕구가 있다. 자기와 평생을 함께 살기로 한 배우자에게 선물은커녕 축한다는 말조차 듣지 못한다면, 주변 사람들에게 축하와 선물을 받은들 마음이 편하고 행복하겠는가?

기념일은 꼭 챙기자!

요즘 젊은 세대들에게 배워야 할 것이 하나 있다. 그것은 기념일을 챙기면서 서로에 대한마음을 확인하는 것이다. '우리 사귄 지 오늘로 ○○일이야', '내가 사랑을 고백한 지 오늘로 며칠 되었는지 기억해?'라며 기념일을 챙기고 이벤트를 하면서 서로의 마음을 확인한다. 이는 결혼생활을 건강하게 하는 중요한 습관 중 하나다. 선물과 이벤트 자체가 가져다주는 효과도 있지만, 내가 배우자를 이만큼 사랑하고 있다는 자신의 마음을 실제의 삶에 그대로 한다는 점에서 손수 선물을 건네주고 작은 이벤트를 실천하는 것은 행복한 결혼생활에 꼭 필요하다.

선물을 하는 것만큼 선물을 받는 태도 또한 중요하다. 상대방이 정성껏 선물을 고르고 준비했는데도 마음에 들지 않을 수 있다. 단지 내가 원하던 선물이 아닌 것뿐이지, 그 안에 담긴 상대방의 따뜻한마음과 사랑은 변함이 없다.

남편들이여, 아내가 선물해준 타이가 자신의 스타일과 맞지 않는다고 해서 옷장에 처박아 두지 말자. 아내들이여, 남편이 사준 향수가 이상하거나, 자신의 사이즈가 아닌 옷을 선물해주었다고 불평하지 말자. 옷을 입고 안 입고의 문제는 그렇게 중요하지 않다. 상대방이 나를 사랑하는 마음으로 정성껏 고르고 고심하며 준비한 선물이라는 사실이 더 중요하다.

가사분담, 구체적인 대화로 정해라

부부들이 연애기간이나 신혼초기에 굳게 약속해놓고 지키지 않는 또 하나의 문제가 바로 '가사분담'이다. 가사분담의 문제는 부부싸움 원인 중 1~2위를 다툴 정도로 갈등을 유발하는 주요 요소다. 요즘 젊은 남편이라 할지라도 결혼 전에 부모님에게 집안일하는 것을 보고 배운 적이 거의 없다 보니 집안일하는 것을 힘들어한다. 상황이 이렇다 보니 사소한 집안일이 서로에게 불만이 되어 이혼으로 가는 안타까운 일도 있다. 상대방에게 억지로 강요해서 마음에 부담을 주지 말고 집안일에 익숙해질 수 있는 시간을 갖는 것이 중요하다.

집안일은 아무리 열심히 해도 티 안 나고 힘들기 때문에 부부가 무엇을 어떻게 해야 할지 구체적으로 대화를 나누는 것이 무엇보다 중요하다. 서로의 장점을 살려 역할을 분담하는 지혜가 필요하고, 분담한 일에 대해서는 당연하게 여기지 말고 서로 고마움을 표현하는 것이 좋다.

사랑은 손발이 없어 혼자의 힘으로는 움직이지 못한다. 사랑이 아름다운 빛을 비출 수 있는 비결은 내가 사랑이라는 이름을 자주 사용해서 실천하는 것 외에는 다른 방법이 없다. 손과 발을 움직여 작은 것이라도 실천하면 느낌과 감정으로 전하던 사랑에서는 맛볼 수 없었던 또 다른 감동까지 전할 수 있게 된다.

행복! 꿈만 꾸지 말고
지금 느끼자

연애와 결혼은 두 사람이 함께하고 있다는 것을 제외하고는 사람마다 모두 다르게 나타난다. 결혼한 후에도 배우자가 연애시절에 자신에게 쏟아부었던 마음과 태도가 변하지 않기를 바라는 사람이 있다면 일찌감치 마음을 접어야 한다.

결혼 후에는 마음도 변해야 하고 사랑도 넓고 깊이가 있는 또 다른 사랑으로 변해야 한다. 만약 결혼을 한 부부가 연애시절처럼 눈 뜨면 보고 싶고, 잠시도 헤어지기 싫어 늘 붙어 다녀야 한다고 상상해보라.

● 천상의 주인공을 꿈꾸다

속된 표현으로 미치고 팔짝 뛸 일 아니겠는가?

우리가 보편적으로 알고 있는 로맨틱한 사랑에 취해서 보고만 있어도 심장이 쿵쾅거린다면, 그 사람과 정상적인 삶을 살 수 있겠는가? 세상을 녹일 듯한 용광로 같은 사랑은 연애시절로 막을 내려야 하는 감정이다. 연애시절 뜨거운 사랑을 하면서 느꼈던 그 기분은 고이 간직해야 되는 것이다. 이렇게 여러 좋은 감정으로 내 마음을 최고로 기쁘게 만들어준 이 기분을 우리는 '행복'이라고 말한다.

행복이라는 긍정 에너지

행복이라는 긍정 에너지는 부부관계를 건강하게 해준다. 긍정 에너지는 우리 몸에 흐르는 피와 같은 존재다. 마음의 면역시스템과 치료시스템을 가동해서 외부의 적에 대항해 자신을 보호할 뿐만 아니라 동시에 상처가 난 곳을 치료해준다.

그렇다면 이 시스템은 어떤 원리로 작동하고 있는 것일까? 태양이 내부의 열핵반응을 통해서 스스로 에너지를 만들어내는 것처럼, 우리의 행복도 스스로 에너지를 만들어낸다. 자가 발전을 통해 만들어진 에너지는 우리 내면에 흐르면서 모든 기관을 활성화시키고 면역력을 높여 건강한 삶을 살 수 있도록 한다. 상처를 받아 굳게 닫힌 마음의 빗장도 열게 해주고, 미움이 우리의 마음을 갉아먹고 서로의 관계를 파멸에 이르도록 하는 증오가 끓어오를 때에도 연민과 용서를 떠올려 다른 기분이 들도록 해준다.

고단하고 힘든 삶에 이토록 좋은 시스템이 있다는 것 자체가 행복이다. 그런데 우리 주변에는 행복을 계속 꿈꾸지만 행복을 느끼지 못하면서 살아가는 부부들이 많다.

누구에게나 있는 인정받고 싶은 마음

"제 인생이 왜 이렇게 힘들고 어려울까요? 행복하기 위해 한 결혼인데, 이젠 저도 지쳤어요. 아무런 희망이 보이지 않습니다"라며 한 젊은 여성이 자신의 처지를 비관하며 통곡에 가까운 하소연을 한 것이 몇 년이 지난 지금도 생생하게 남아 있다. 자신의 모든 것을 쏟아부어서 한 결혼이었고, 어느 정도는 행복하게 살 자신도 있었는데 지금은 아무런 희망마저 보이지 않는 총체적 난국이라며 도움을 요청했다.

이 부부는 친하게 지내는 한 지인의 소개로 만난 후 4개월 만에 결혼을 했다. 서로 호감을 갖고 조금씩 알아 가고 있을 무렵 건강하던 아내의 아버지가 간암 3기라는 판정을 받았고, 아버지가 조금이라도 건강할 때 결혼을 해야 해서 결혼을 서둘렀다. 남편은 운수업에 종사했는데 결혼 후 2년이 지난 어느 날 교통사고가 났다. 남편은 무려 7개월 동안 입원해야 했고, 세 번의 대수술을 견뎌내야 했다. 남편은 수술만 잘 받으면 완쾌될 줄 알았는데, 사고의 후유증으로 장애를 갖게 되었다. 남편은 장애에 대한 충격과 잦은 통증에서 벗어나기 위해 술을 즐겨 마시면서 아내에게 폭언을 일삼았다.

사람은 누구나 자기가 사랑하는 사람을 위해 한 일일지라도 인정받고 싶은 마음이 있다. 이런 마음은 가까운 부부 사이라고 해서 예외가 될 수 없다. 이 여성은 자신의 수고를 알아주지 않는 남편이 밉고 배신감이 올라올 때면 절망감에 사로잡혀 모든 것을 내려놓고 싶어지는 상황이 되었던 것이다.

사랑과 행복은 주면 줄수록 채워진다

식물이 광합성을 통해 에너지를 만들어내듯 부부도 사랑의 광합성이 일어나야 관계에 새로운 변화가 생긴다. 태양이 자체 에너지를 통해 빛과 열을 오늘도 변함없이 공급해 주듯이, 부부도 행복의 자가 발전소가 정상 가동을 하면 사랑의 무한 에너지를 언제나 받을 수 있다.

그렇다면 긍정적인 영향을 주는 감정과 기분을 느낄 수 있는 방법은 없을까? 답은 언제나 내 주변 가까이에 있다. 행복이라는 진수성찬은 이미 우리 앞에 차려져 있기 때문에 수저를 들어 먹을 것인지 선택만 남아 있을 뿐이다. 진수성찬이 앞에 있는데 수저를 들어 음식을 먹지 않는다면 내게 아무런 도움이 안 되듯 마음이 불편하거나 상하면 행복의 진수성찬이 아무리 풍성해도 그림의 떡이 되고 만다.

물론 부부가 살아가다 보면 감정이 올라와 속상하거나 짜증날 때가 있다. 그렇다고 해서 늘 그저 그런 기분으로 살아가야 되는 것은 아니다. 행복해지고 싶다고 꿈만 꾸면서 기적이 일어나기만 기도해서는 안 된다. 속상하고 짜증나는 감정이 순간적으로 일어나는 것은 막을 수 없지만, 마음 깊은 곳에 상처가 쌓이는 것은 막을 수 있다.

사랑과 행복은 주고 또 주어도 결코 줄어들거나 사라지지 않는다. 아니 상대방에게 주면 줄수록 오히려 더 좋고 아름다운 것으로 새롭게 채워진다. 특히 부부의 사랑과 행복은 강력한 치유 에너지를 동반하고 있기 때문에 각종 문제로 힘들어하는 부부들에게 더 없이 좋다. 뿐만 아니라 부부란 이렇게 좋은 에너지를 아낌없이 주고도 어떤 대가나 보상도 바라지 않는 가장 가깝고 아름다운 사이가 아닌가! 내 것을 사랑으로 아낌없이 주면서도 이 좋은 에너지를 가져다 쓴 배우자에게 오히려 감사하는 마음이 드는 특별한 관계, 이 관계를 오늘도 이어가고 있다는 자체만으로도 행복한 인생이다.

" 새로운 변화는 언제나 나부터 시작해야 한다. 그 가장
큰 이유는 나를 변화시키고 조절할 수 있는 유일한 사
람이 바로 나 자신밖에 없기 때문이다. "

2부

결혼 3년차가
미래를 결정한다

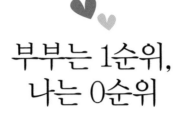

부부는 1순위,
나는 0순위

사람을 많이 만나는 직업의 특성상 질문은 피할 수 없는 숙명과도 같다. 인생을 논하는 자리에서는 '어떻게 하면 행복할 수 있을까요?'라는 질문을, 부부가 모이는 자리에 가면 '부부는 무엇이며, 어떤 삶을 살아야 될까요?'라는 질문을 빠지지 않고 듣는다. 두 질문 모두 살아가는 데 근본이 되는 것이다.

● 왜 우리는 늘 다투는 걸까?

부부는 서로 돕는 배필

부부는 서로 '돕는 배필'이다. 여기서 돕는다는 것은 자신의 부족함을 채우려고 기대할 때 채워준다는 말이 아니라, 아무런 이유나 조건 없이 배우자를 도우려는 선한 의도를 뜻한다.

'결혼은 불완전한 두 사람이 만나 마음과 뜻을 모아 아름다운 하모니를 이루는 것'이라고 말한다. 불완전하기 때문에 결혼을 해서 나의 부족한 부분을 배우자에게서 채우면 더 완전한 사람이 되어 행복한 삶을 살게 될 것이라는 기대가 있다는 말이다. 그래서 많은 사람들이 자신의 부족한 것, 힘든 것, 외로운 것 등을 채우기 위해 기댈 수 있고 보호받을 수 있는 사람을 찾는다. 마치 언제나 힘이 되어주었던 아버지와 어머니 같은 사람을 말이다.

이렇게 내가 부족한 것을 채우기 위해 상대방을 찾다 보면 그 사람에 대한 본질보다는 그 사람이 가지고 있는 조건이나 외부 환경에 자연적으로 마음을 뺏겨 보는 눈이 흐려진다. 조건보다는 사람이 우선순위가 되어야 하는데, 내가 부족한 것을 채워야겠다는 마음이 앞서면 상대방은 잘 보이지 않고 주변 환경만 크게 보인다.

문제는 여기서 끝나지 않는다. 힘들고 외로운 부분을 채우기 위해 부모님 같은 배우자와 결혼해서 언제나 기댈 수 있는 든든함을 얻었다면 감사하게 여기고 만족하며 살면 되는데 사람의 욕심이란 그렇지 않다.

결혼 전부터 여러 조건을 하나하나 따져가며 수 싸움을 하더니, 결혼을 한 후에도 멈추지 않고 계산을 한다. 결혼 전에는 '당신은 예쁜데다가 요리 솜씨까지 좋으니 내게는 과분한 사람이다'라며 칭찬이 마르지 않더니, 결혼 후에는 불어난 뱃살과 몸매를 운운하면서 '관리 좀 해'라며 다른 곳으로 눈과 마음이 한없이 돌아간다.

부부는 사랑으로 맺어진 관계다

일반적으로 부부는 사랑으로 맺어진 관계라고 말한다. 틀린 말은 아니다. 사랑이 전제된 관계가 틀림없기 때문이다. 그러나 사랑으로 맺어진 부부여도 이 말을 맥락 그대로 믿는 사람은 드물다. 왜냐하면 상대방에 대한 기대가 언제나 있기 때문이다. 이런 이유에서 '결혼은 손해 보지 않으려는 이기적인 요소가 강한 인간관계'라고 혹평하기도 한다.

특히 우리나라는 근대의 격변하는 시대상황과 결혼문화가 맞물려 있어 세대별 체감지수가 크다. 결혼적령기가 되면 세대별 차이는 더 뚜렷하게 나타난다. 젊은 세대는 인간성과 호감 가는 외모, 나와 잘 통하고 맞는 배우자를 선택하는 반면, 부모 세대는 '사랑이 전부인 줄 알았는데 별것 아니더라. 그래도 직장이 튼실하고 경제력도 어느 정도는 있어야 된다'고 말한다. 부모 세대가 사랑을 못해서가 아니라, 삶은 현실이기 때문에 우선순위가 조금 바뀌었을 뿐이다. 인생을 좀 더 폭넓고 다양하게 다른 기준으로 살아가고 있는 것이다.

부부는 1순위

부부는 사랑하기 때문에 평생을 함께 사는 것이 아니라, 같은 곳을 바라보기 때문에 함께 사는 것이라는 표현이 더 정확할 것 같다. 사랑은 시간이 흐르면 식는다. 부부가 사랑이 식은 후에도 여전히 좋은 관계를 유지하려면 부부관계보다 더 우선시하는 것이 없어야 한다. 다시 말해 삶의 우선순위에 항상 부부가 1순위가 되어야 한다.

부부로 함께하는 시간은 결코 짧지 않은 까닭에 평범한 일상에서라도 부부가 1순위가 되도록 서로 힘쓰고 배려하는 것이 중요하다. 환심을 사기 위한 거창한 이벤트를 하라는 것이 아니다. 바쁜 일상 중에 서로 먼저 챙겨주는 마음부터, 직장과 사회생활에 이르기까지 작은 일이라도 함께하며 상대방을 존중해주라는 것이다.

함께 즐길 수 있는 취미를 개발하고 운동을 함께하는 것도 두 사람에게 꼭 필요한 부분이다. 늘 같은 일과 반복되는 생활은 삶에 적지 않은 스트레스다. 이왕 부부로 사는데 재미없고 무료하게 사는 것보다는, 즐거움과 활력을 주는 취미와 운동을 찾아서 함께하는 것이 좋지 않겠는가. 두 사람이 함께하려는 마음만 있으면 자투리 시간이면 어떤가. 바쁜 일상에서 잠시 벗어나 함께 틈을 내서 '자투리 데이트'를 즐기는 것도 소소한 재미를 더해줄 수 있다. 집 앞 편의점에서 컵라면을 함께 먹어도 되고, 퇴근 길 공원 벤치에 앉아 아이스크림을 함께 먹는 그림도 좋다. 작은 카페면 더 없이 훌륭하다. 이름난 음식점과 거창한 쇼핑은 아니더라도 서로 마음을 나누며 한 곳을 향해 가면 이것이 바로 행복이 아니겠는가?

나는 0순위

결혼은 두 사람이 서로의 욕구를 채워주겠다는 선한 동기를 가지고 하는 것이다. 배우자가 내 욕구를 들어주겠다는 선한 동기를 가지고 있다고 해서 그 책임까지 배우자에게 지워서는 안 된다. 내가 배우자를 통해서 얻으려는 욕구가 구체적으로 무엇인지는 두 사람이 함께 풀어가야 한다. 내 부족함을 배우자에게서 채워보겠다는 기대감이 크면 클수록 실망만 있을 뿐이다. 즉, 배우자가 채워주지 않아도 스스로 채울 수 있는 마음을 갖고 있어야 한다는 것이다. 이렇게 건강한마음을 가지고 있어야 배우자에게 많은 것을 기대하지 않게 되고, 기대감이 없으니 실망을 하지 않게 된다. 그래서 배우자를 있는 그대로 보게 되어 갈등이 아닌 원만한 관계가 되는 것이다.

어느 30대 후반 예비 엄마의 이야기에서 '나답게 살아간다는 것'이 얼마나 중요한지 확인할 수 있었다.

어린 시절 주변 사람들에게 놀림당한 상처와 부모님의 무관심으로 인해 '나는 결코 사랑받을 수 없는 사람이야'라는 생각을 하게 되었다. 그래서 사람들이 자신을 함부로 대할까 두려워 마음에 담을 쌓으며 경계하는 등 낮은 자존감으로 인한 부작용들이 나타났다. 결혼한 후에도 남편과 시댁에게 사랑받지 못하는 것은 아닌지 늘 전전긍긍했고 작고 사소한 일에도 쉽게 자존심이 상하는 등 마음의 상처가 늘 따라다녔다. 그로 인해 항상 힘들어했다.

이 예비 엄마에게 가장 시급한 것은 마음에 견고하게 자리 잡고 있는 자존심에서 벗어나 자존감을 세우는 일이었다. 자존심은 타인과 나를 끊임없이 비교하기 때문에 늘 불평과 불만이 쌓이게 한다. 그러나 자존감은 내가 어떤 상황에 놓이더라도 나 자신을 있는 그대로 소중히 여기고 사랑하는 마음을 잃지 않게 한다. 상담이 진행되는 동안 처음으로 자기 자신을 존재 그 자체로 보기 시작했고, 환경이나 능력에 상관없이 존재 그 자체로 사랑받을 만한 사람이라는 것을 고백하면서 뜨거운 눈물을 흘렸다.

부부관계의 핵심은 두 사람의 관계 이전에 '독립된 나'에 대한 깊은 성찰이다. 내가 나를 먼저 알아야 배우자가 보인다. 나는 무엇을 좋아하고 배우자에게 무엇을 요구하며, 나는 배우자의 요구를 채워주기 위해서 어떤 마음의 준비가 되어 있는지 살피는 것이 중요하다. 건강한 부부는 배우자의 요구를 비난하지 않고 존중해주면서 각자가 정서적으로나 사회적으로 동반 성장할 수 있도록 도와준다.

사람은
변하지 않는다

'사랑의 힘은 위대하다'는 말을 믿고 따르는 많은 연인들이, '결혼하면 저 사람도 변할 거야. 우리는 서로 사랑하니까!'라는 믿음으로 결혼을 생각한다. 다년간 부부상담을 해온 필자의 결론부터 말하면 '꿈 깨라!'다.

사람은 변하지 않는다. 아니 변한다 해도 배우자가 원하는 대로 변하는 일은 없다. 천지개벽이 일어나지 않는 한 말이다.

관심, 단점이 매력이 되는 순간

과학자들은 '로맨틱한 사랑의 유효기간은 3년을 넘지 않는다'는 연구 결과를 내놓고 있다. 30년을 3년이라고 혹시 실수한 것은 아닌가 하는 의구심이 들 정도로 충격적인 결과지만, 수년 동안 결혼생활을 이어온 부부라면 이 발표가 정확한 데이터임을 인정한다.

필자도 상담 초년생 때 이 정보를 처음 접하면서 '에이, 3년은 좀 야박한 것 같아. 적어도 10년은 가지 않겠어?'라고 생각했는데, 아니나 다를까 신혼 초부터 6개월 동안은 어떻게 지나갔는지 모를 정도로 치열하게 감정싸움을 한 기억밖에 없다. 아마도 평생 할 부부싸움의 절반 이상을 이때 다 했던 것 같다. 지금 생각해보면 왜 싸웠는지 기억이 어렴풋하다. 하지만 정말 사소한 일로 싸웠던 것은 분명하다.

로맨틱한 사랑의 유효기간이 오래 지속된다고 하면, '당신이 나를 정말 사랑한다면 이렇게 해 줘!'라고 해보겠다. 타오르는 사랑의 열기는 수그러드는데 배우자의 단점이 하나 둘 눈에 들어오는 상황이 예상했던 것보다 훨씬 더 빨리 오면 사랑의 힘으로도 어찌할 수 없다.

부부세미나에서 '사사건건 태클을 걸며 고치려는 배우자, 어떻게 하겠는가?'를 주제로 난상토론을 하도록 했다. 한 팀에 세 쌍의 부부가 한 조를 이루어 토론을 한 후 발표를 하도록 했다. 그중에 이런 의미 있는 발표를 한 조가 있었다. '단점을 고쳐보겠다고 많이도 싸웠는데 하나도 바뀌지 않아서 관심을 갖고 관리했더니 몇 년 지나니까 단점이 매력이 되었다'는 내용이었다.

그 내용을 자세히 소개하면 이렇다. 부부싸움을 좀 심하게 하는 날이면 남편은 밖으로 뛰쳐나가 들어오지 않았다. '그럼, 그렇지. 잘못한 게 맞네. 할 말 없으니까 도망가는 거지.' '싸우다 말고 어딜 가. 날 무시하는 거야.' 아내는 이런 별의별 생각을 다 하면서, 회피하는 남편이 미워 속상했던 것이다. 그러던 어느 날, 부부가 속마음을 털어놓을 기회가 생겨 이 부분에 대해 대화를 나누던 중에 뜻밖의 사실을 알게 되었다. 몹시 화가 난 남편이 아내를 배려해 밖으로 뛰쳐나가 무작정 걸으면서 화를 조절했다는 것이다. 지금은 자신을 배려해준 남편이 고마워 부부싸움이 좀 심했다 싶으면 두 부부가 함께 밖으로 나가 걷는다고 한다. 상대방에게 화를 퍼붓지 않아서 좋고 운동도 된다면서, 처음에 몰랐을 때는 남편의 단점이었지만 지금은 매력덩어리라며 좋아했다.

배우자를 바꾸려 하지 마라

결혼은 각자의 삶의 방식대로 살아가던 두 남녀가 부부라는 하나의 삶의 방식으로 만들어져 가는 새로운 역사의 과정이고 현장이다. 전혀 다른 환경과 성격, 가치관 등 어느 것 하나 맞는 조건이라고는 없기 때문에, 아무리 작고 사소한 문제라 하더라도 배우자에게는 예민하게 작용할 수 있다. 그래서 큰 갈등을 겪는 경우가 종종 발생한다.

이렇게 배우자에게 마음에 들지 않는 부분이 있다고 해서 무작정 고치려고 하면 열이면 열 실패한다. 무리한 시도는 금물이기 때문이다. 그렇다면 시간을 갖고 서서히 고치는 것은 가능할까? 그렇지 않다. 내가 불편하고 마음에 들지 않는 부분이 있다고 해서 뜯어고치려는 마음을 먹는 것 자체가 결혼 서약에 위배되는 행동이다.

요즘의 결혼 서약은 과거의 고정관념의 틀을 벗어나 서로가 중요하게 여기는 것을 서약하는 문화로 가고 있다. 예를 들면 이런 내용으로 결혼 서약을 한다.

신랑: 연약한 당신을 이기려 하지 않고 져주어 가정의 평화를 지키는 파수꾼이 되겠습니다.

신부: 밥심으로 일하는 당신을 위해 아침밥을 꼭 챙겨주어 건강한 가정의 지킴이가 되겠습니다.

신랑: 대화를 원하는 당신을 위해 경청자로 살고, 가장 친한 친구가 되어주겠습니다.

신부: 여행을 좋아하는 당신을 위해 동행자가 되고, 쉼이 필요하면 자유를 주겠습니다.

신랑: 아저씨가 되어도 담배, 도박, 보증은 절대 하지 않을 것이며, 당신만 바라보는 이 눈으로 한눈팔지 않을 것을 맹세합니다.

신부: 아줌마가 되어도 당신을 제일 사랑하는 마음 변하지 않을 것이며, 당신이 반했던 이 모습을 유지할 것을 맹세합니다.

결혼 서약의 여운이 아직 생생한데, 자신의 마음에 들지 않거나 이해하기 어려운 습관이라고 해서 자기 마음에 드는 사람으로 바꾸려고 시도한다면, 사랑은 차치하고서라도 서약의 취지에도 맞지 않는다. "그래도 처음에 버릇을 고쳐야지 무슨 말을 하느냐. 평생 고생할 일 있느냐?"고 따진다면 솔직히 할 말이 없다.

배우자는 소유물이 아니다

생각해보자. 배우자를 내 입맛에 맞는 사람으로 만드는 것이 목적이라면 굳이 결혼을 할 필요가 있는가? 혼자 독신으로 살면서 잘 훈련된 애완견을 기르는 편이 훨씬 현명한 방법이다. "당신은 그 습관만 고치면 참 좋은데 말이야", "여보! 맘에 안 들어. 이렇게 해" 등과 같은 말에는 '당신은 내 소유이기 때문에 내 마음대로 할 수 있다'라는 잘못된 생각이 자리 잡고 있다.

그러나 사람은 누군가가 자신을 바꾸려고 하면 강력하게 저항한다. 그 사람이 사랑하는 배우자라도 말이다. 대개의 경우 자신을 바꾸려는 배우자의 의도를 알면 적개심이 올라오고 경우에 따라서는 심한 배신감을 느끼기도 한다.

나는 배우자를 위해서 충심으로 한 말이지만 진심으로 들리지 않고 '잔소리'로 들린다. 또 내가 한 말은 비수가 되어 배우자를 찌른다. 배우자가 마음의 문을 열고 내 말을 받아들일 때만 내 말이 약이 된다.

이처럼 배우자를 바꾸려는 실제적 행동은 결혼과 동시에 시작되지만, 무의식적인 준비와 기대 심리는 어린 시절부터 시작되었다고 할 수 있다. 사람들은 부모나 양육자에게 충분하게 사랑을 받아 채워야 될 욕구들을 제대로 채우지 못한 채 저마다 숙제를 안고 살아간다. 이것을 이마고 부부치료에서는 '미해결 과제'라고 한다. 원가족에게 받지 못해 생긴 미해결 과제를 배우자에게서 채우려고 하기 때문에, 배우자를 고쳐서라도 내가 받지 못한 사랑과 욕구를 채우려는 숙제를 계속 하고 있는 것이다.

이처럼 부부가 자신의 욕구를 이루기 위한 목적으로 배우자를 의도적으로 바꾸려고 하는 것 자체가 본인 스스로 결혼을 파기하는 것이다. 또한 이런 행동은 두 사람 모두에게 씻을 수 없는 상처를 남길 수 있다.

정서적인
탯줄의 굴레

"당신은 어쩜 당신 어머니랑 똑같아! 숨이 다 막혀. 이럴 거면 나랑 왜 결혼했어? 엄마하고 살지."

"말이면 다야! 당신이야 말로 장모님을 닮아 매일 바가지 긁잖아."

"뭐, 당신 말 다 했어? 엄마를 닮아서 바가지가 어쩌고 어째. 그래, 그래서 당신은 아버지 닮아 손에 닥치는 대로 두들겨 패고 깨부수니!"

위의 내용은 부부싸움할 때 자주 나오는 말들이다.

부모에게서 완벽하게 독립하라

어린 새는 어미 새가 만든 둥지에서 태어나 어느 정도 자라면 둥지를 떠나서 새로운 보금자리를 만든다. 장성한 두 남녀가 만나 새로운 가정과 보금자리를 꾸릴 때도 부부가 독립된 생활을 할 수 있는 공간이 필요하다. 결혼 후 2~3년 동안은 두 사람 모두 원가족에서 하던 생활습관 때문에 빚어지는 혼란 등으로 인해 다툼이 잦고 서로의 차이를 좁히느라 힘든 시기를 보낸다. 그렇기 때문에 주변에서 적절하게 배려하고 도와줘야 한다.

하지만 이것보다 더 중요한 것은 부모에게서 정서적으로 독립하는 것이다. 사실 부모에게서 독립하는 것은 쉽지 않은 과정이고 부부가 풀어야 될 가장 큰 숙제 중 하나다. 만약 심리적으로 심약한 부모가 자신의 정서적인 불안을 해소할 목적으로 자녀를 이용하거나, 자신의 해결되지 않는 욕구를 채우기 위해서 자녀의 삶을 담보로 잡고 있다면 이런 굴레에서 벗어나기가 쉽지 않다.

대개 이런 부모는 자녀가 독립된 삶을 살아가는 것 자체를 원하지 않는다. 어린 시절에도 독립된 사람으로 성장하지 못하도록 가로막고 자신의 울타리 안에 머무르게 할 뿐만 아니라, 결혼 후에도 사사건건 간섭하고 참견한다. 그 때문에 부부 사이에 심각한 갈등이 일어날 수밖에 없다.

어느 학부모 연수에서 만났던 부부의 이야기다. 그 부부는 강의가

끝난 후 한동안 고민하다가 용기를 내어 상담실을 방문했다고 말하며
이야기를 이어갔다.

> 남편은 결혼 13년차가 되도록 단 한 번도 본인 스스로 집안일에 대
> 해서 결정하거나 일을 추진한 적이 없다. 그렇다고 아내에게 결정권
> 을 주거나 일을 맡겨 추진하도록 한 것도 아니다. 결정할 일이 생기거
> 나 문제가 발생하면 시댁으로 달려가 부모님에게 도움을 요청하는 것
> 이다. 직장생활도 하고 있고 결혼해서 자신의 가정을 꾸려 자녀를 두
> 명이나 키우고 있으면서도 여전히 모든 문제는 부모님과 상의한 후에
> 결정한다. 남편에게 있어 부모님과의 관계는 세상 무엇보다 중요하기
> 때문에, 아내와 자녀 모두 뒷전이고 언제나 1순위는 부모님이다.

시부모가 어린 시절의 해결하지 못한 상처 때문에, 어른이 되어 결
혼한 자녀의 발목을 끝까지 붙들고 놓아주지 않고 있는 상황이다. 험한
세상을 자녀 자신의 힘으로 헤쳐나가도록 적절한 훈련을 해야 했음에
도 철저하게 과잉보호하며 늘 곁에서 도와준 결과, 혼자의 힘으로 아무
것도 할 수 없는 무기력한 사람이 된 것이다.

대개 이런 경우 부모는 자녀가 자신의 인생관을 따라 살기를 은근
히 바라며 강요한다. 자신의 요구나 기대에 미치지 못하는 자녀나 며느
리, 사위를 정서적 볼모로 잡아 자신의 영향력 아래 두려고 하기 때문
에 부부는 갈등의 바다에서 벗어나지 못한다.

● 왜 우리는 늘 다투는 걸까?

이런 상황이라면 오랫동안 반복되어 온 부모님과의 관계를 혼자의 힘으로 끊는 것은 거의 불가능하다. 전문가나 지인들에게 부탁해서 부모님의 도움을 받지 않고도 스스로 독립할 수 있도록 조금씩 환경을 바꾸고 독립하려는 마음을 키워야 한다. 자녀의 삶에 드리워진 그림자는 견고한 쇠사슬이기 때문에 배우자의 강경한 태도가 선행되어야만 한다. 결혼해서 한 가정을 꾸린 이상, 부부관계가 최우선이다. 따라서 부모님과 거리를 둘 수 있는 장치를 마련해 더욱 적극적으로 대처하는 것이 중요하다.

아이는 부모를 비추는 거울

"저 녀석은 누구를 닮아서 저 모양이야!" 말 안 듣는 자녀를 보면서 자주 하는 말이다. 그런데 생각해보자. 아이가 누구를 닮겠는가? 아이는 전적으로 부모를 닮게 되어 있다.

아이는 초기 양육자를 통해서 심성이 형성되기 때문에 초기 양육자의 역할이 특히 중요하다. 임신이 되는 순간부터 아이가 태어나고 3년까지는 부부가 협력해서 아이에게 집중해야 된다. 특히 양육자의 마음가짐과 심리상태는 아기의 정서적 발달에 영향을 준다. 만약 갓 태어난 아이가 생모와 떨어진 경우 낳아준 엄마의 심성을 닮는 것이 아니라 길러준 사람의 심성을 닮게 된다. 낳아준 엄마를 떠나 아빠와 함께 살았으면 아빠의 심성을 닮고, 조부모와 함께 살았으면 조부모의 심성을 닮게 되는 것이다.

사람은 '모방의 달인'이라고 할 정도로 무언가를 잘 따라 한다. 네 살부터 사춘기 전까지는 주로 남의 행동을 따라 배우는 시기다. 보고 들은 대로 따라 하며 흉내 내기도 하면서 배운다. 그래서 아이는 부모를 비추는 거울인 것이다. 아무리 아이에게 이래라 저래라 소리 지른다고 해도 아이의 행동은 변하지 않는다. 하지만 말이 아닌 행동으로 보여주면 아이들은 따라 하게 되어 있다. '맹모삼천지교'라는 고사가 그냥 나온 것이 아니다.

자녀 앞에서 배우자를 대놓고 무시하면 자녀의 자존감은 현저히 낮아진다. 무시당하는 엄마를 보고 자란 딸은 삶에 활력이 떨어지고 자존감이 낮아 실제 자신의 결혼생활에서도 남편에게 무시당하고 살 확률이 높다. 또한 어머니의 존경을 받지 못하는 아버지를 보고 자란 아들역시 사회생활에 적응력이 떨어지고 자존감이 낮아 배우자와 자녀를 강압적이고 비인격적으로 대하게 된다고 한다.

어릴 적 부모가 무심코 한 행동이나 말이 내 결혼생활에 영향을 미치듯이, 내가 배우자에게 무심코 던진 말 하나가 배우자는 물론 자녀에게까지 엄청난 영향을 끼치는 것이다. '아버지가 자녀를 위해 해줄 수 있는 가장 좋은 일은 아내를 사랑하는 것이다'라는 찰리 셰드의 말은 가정을 이루고 있는 모든 이들이 마음에 새기고 삶에 실천해야 될 모범답안이다.

캥거루 족, 부모를 떠나지 못하는 사람들

장성한 사람이 부모의 그늘에서 벗어나지 못하면 어떻게 될까? 몸은 장성해서 어른이 되었어도 심리적으로 유약하면 부모에게 전적으로 의존하면서 독립할 엄두를 내지 않게 된다. 요즘 우리 사회도 성인이 되었는데도 부모를 떠나지 못해 '캥거루 족'으로 살아가는 젊은이들이 점점 늘고 있다. 부모를 떠났을 때 자신에게 휘몰아칠 삶의 풍랑을 견뎌낼 준비가 전혀 되어 있지 않다 보니 독립은 꿈도 꾸지 않는 것이다. 만약 이런 사람이 결혼을 한다면, 배우자와 자녀에게 얼마나 많은 고난을 주게 될지 생각하기도 싫다.

대개의 경우 딸은 아버지를 닮은 사람과 결혼할 확률이 높고, 아들은 어머니를 닮은 사람과 결혼할 확률이 높다고 한다. 실제 상담 현장에서 보면 어린 시절 어머니의 과보호를 받은 아들이 결국 어머니가 늘 그랬던 것처럼 자신의 모든 일을 다 해주는 여자와 결혼해서 살다가 고부갈등 때문에 상담을 받는 경우가 꽤 있었다. 그 아버지는 아들에게 '사내 녀석이 계집애같이 행동한다'며 무시하기 일쑤고, 이럴 때마다 어머니는 아들을 감싸고 돈다. 아버지는 이런 상황을 외면하면서 수수방관하는 사이 아들은 자기의 삶을 살지 못하고 존재감 없는 사람이 되는 것이다.

부부관계가 최우선이다

"나 같은 사람이 살면 뭐해요. 아무짝에도 쓸모없는데… 차라리 태어나지 말았어야 했는데. 이런 내가 정말이지 싫어요."

사랑받지 못한 어린 시절의 상처를 가지고 한 사람의 아내가 되어 사랑받으려는 기대감으로 결혼을 했다. 그리고 스물한 살에 첫 아기를 출산했다. 사랑이 채워질 것이라는 기대는 자신에게 무관심한 태도를 보이며 밖으로만 도는 남편을 보면서 무너졌고, 원하던 사랑 대신 무관심이 지속되자 어린 시절 그렇게 부모에게 사랑받으려고 노력했던 행동들이 나타났다. 버림받지 않기 위해 불합리한 일을 당하거나 화가 치밀어 올라도 묵묵히 참았다.

남편은 아내의 수고를 대수롭지 않게 여겼다. 아주 당연한 듯이 받아들이고 시간이 지날수록 더 뻔뻔스러워졌다. 부부간에 문제가 생겨도 자신의 잘못이나 책임으로 생각하는 일은 거의 없었다. 모든 문제를 아내 탓으로 돌렸다.

두 사람이 결혼을 해서 부부가 된 이상 부부관계를 최우선으로 생각하는 자세가 필요하다. 부모와는 일정 부분 선을 그어 경계가 뚜렷하도록 해야 되고, 일정 부분의 선을 넘어갔을 때는 강력하게 요구를 하거나 전문가의 도움을 받아 적극적으로 해결 방법을 찾아야 한다. 부모의 굴레에 갇혀서 정서적인 탯줄로 연결된 사람은 자신에 대한 존재감이 없기 때문에 모든 일에 두려움이 앞선다. 이런 두려움 때문에 세상을 향해 노를 저어가는 것을 포기한 채 항구에 닻을 내리고 좀처럼 항해를 하려고 하지 않는다.

가면을 벗고
진정한 나로 살자

사람은 엄마 배 속에서부터 관계를 맺기 시작해 서로 관계를 맺으며 살다가 관계 안에서 죽음을 맞는다. 모태에서 시작된 관계 맺기는 어린 시절 소꿉놀이로 자연스럽게 이어진다. 누가 가르쳐주거나 설명해주지 않아도 또래 친구들끼리 모여서 살림살이 흉내를 내며 소꿉놀이를 한다. 주변의 자질구레한 장난감이나 물건들은 세간살이나 훌륭한 음식이 되어 소꿉동무들을 즐겁게 해준다. 소꿉놀이에서 빠져서는 안 되는 중요한 부분이 서로 역할을 정하는 것이다. 대개의 경우 아빠 역할

● 왜 우리는 늘 다투는 걸까?

과 엄마 역할을 하는데 이 과정을 보면 실제 부모님의 삶을 그대로 모방해서 표현하고 있음을 쉽게 알 수 있다.

역할은 심리적 멍에다

앞에서 언급한 대로 역할은 누가 가르쳐주지 않아도 자연스럽게 배우거나 무의식중에 부모에게서 대물림된다. 부부의 역할이 건강하지 못해서 해결해야 될 과제가 있거나 상처가 많으면 자녀가 그것을 떠맡게 되는데, 이것이 역할로 나타난다.

대개의 경우 부부 사이가 좋지 않으면 아이들은 부모의 눈치를 본다. 이때부터 어린 자녀는 나빠진 부모 관계를 정상으로 만들기 위해 어떤 역할을 한다. 부부가 부모의 역할을 제대로 수행하지 않아 갈등이 생기면 생길수록 어린 자녀의 역할은 더 많아지고 더 힘들어진다.

어린 시절부터 역할에 많이 노출되면 고통스러운 멍에를 지게 되어, 자신의 정체성을 잃어버릴 수 있다. 이렇게 되면 자신이 하고 있는 역할과 자신을 동일한 사람으로 보기 때문에, 자신이 누구이며 어떤 존재인지 잊어버리게 된다. 정체성에 혼란이 계속되는 동안 아버지가 남편의 역할을 못하면 아들은 그 역할을 떠맡아 아버지가 못하고 있는 남편 역할을 대신한다. 이는 기형적인 대리 배우자 역할이다. 만약 어머니가 아내의 역할을 못하고 있으면 딸이 어머니가 되어 역시 아내 역할을 하게 된다.

역할에 익숙해지면 결국 진정한 자신의 모습을 잃어버려 건강한 자아상을 갖지 못하게 된다. 자아상이 나약한 사람은 배우자를 의심하기도 하고 새로운 일이나 대인관계에 두려움을 갖는 등 원만한 결혼생활이 어렵다.

이와 같이 어린 시절, 역할에 많이 노출되면 성인이 된 후에도 그 굴레를 벗어버리기가 쉽지 않다. 역할에 길들어진 어린아이가 성인이 되면, 여러 가면을 써서 자신을 보호하려고 한다.

필자는 어릿광대처럼 부모님이 서로 좋은 관계를 유지할 수 있도록 하는 '마스코트 역할'을 했다. 아버지의 눈치를 보면서 어리광을 부리기도 하고, 어머니의 푸념을 들어주는 역할을 하기도 했다.

아버지는 '영웅 아이' 역할을 한 것으로 보인다. 가족에 대한 과도한 책임감을 일로 승화시켰으니, 손에는 항상 일을 놓지 않았고 성실함으로 대가족을 먹여 살리는 일에 올인했다. 이런 아버지를 옆에서 지켜보는 어머니는 힘들어했고, 아버지는 어머니가 원하는 사랑이나 관심에 귀 기울여주지 못했다.

아버지에게 원하던 사랑과 관심을 받지 못하자 어머니는 '잃어버린 아이 역할'을 하면서 자신의 힘들고 외로운 상황을 어린 필자에게 하소연했다. 시집살이가 고되거나 아버지와의 관계에서 힘든 일이 생기면 필자에게 푸념을 하면서 쌓였던 스트레스를 해결했던 것이다.

어린 필자는 아버지에 대한 원망과 고단한 시집살이의 한이 담긴 어머니의 하소연을 들으면서 안쓰러운 마음이 생겼다. 어머니에 대한 측은지심은 결국 정서적으로 아버지를 멀리하게 만들었고, 어머니와 정서적으로 밀착되어 '정서적인 대리 배우자 역할'을 하는 상황이 되었던 것이다.

중요한 양육자와의 관계

사람은 누구나 양육자에게 충분한 사랑과 관심을 받아야 자존감이 형성되어 건강한 삶을 살아갈 수 있다. 누군가에게 사랑을 받아 본 경험은 자기 자신을 진정으로 사랑하게 한다. 자신을 진정으로 사랑해본 사람이 타인을 사랑할 수 있고, 사랑의 좋은 경험을 한 사람만이 사랑으로 상대방을 치료하고 성장하도록 할 수 있다.

우리는 어린 시절 부모나 양육자에게 자신이 원하는 사랑을 충분하게 받기 위해 자신의 욕구를 무조건 포기하거나 희생하면서 오직 상대방이 원하는 방향으로 갔다. 결국 '나'라고 하는 존재는 없어지고 껍데기만 남는 상황이 된 것이다. 마치 기름진 땅을 관리하는 것과 같은 이치다. 좋은 땅이라 할지라도 방치하거나 관리하지 않으면, 쓸모없는 땅이 되어 온갖 잡초만 무성하지 않겠는가!

이 모든 것이
당신 탓이야!

"나는 진심으로 당신에게 다가가는데 당신이 자꾸 거절하니까 나는 더더욱 안달이 나서 집착을 하게 된단 말이야." 아내의 말이다.

"당신이 내 입장은 생각도 안하면서 이것저것 해 달라고 하면 정말 짜증나. 안 해주면 안달이 나서 집착을 하는 게 한두 번이야! 나도 숨 좀 쉬자." 남편의 항변이다.

이 부부를 만난 것은 2년 전이다. 두 사람은 각자의 상황과 부부 갈

● 왜 우리는 늘 다투는 걸까?

등의 원인을 자신의 입장에서 말해주었다. 아내가 가까이 다가오면 다가올수록 마음에 부담을 넘어 짜증이 된다는 남편은, 자신이 운영하는 사업이 불경기로 재정적으로 힘들자 온 신경을 사업에 집중하고 있었다. 아내는 언제부터인가 남편이 자주하던 스킨십도 뜸하고 관심도 뜸한 것이 자신에 대한 사랑이 식은 것 같아 남편에게 용기를 내서 다가서는데 남편이 거절을 하니까 더 집착하게 되었던 것이다.

남편과 아내 중 누구의 잘못인가? 사실 그 누구의 잘못도 아니다. 갈등을 일으킬 만한 문제가 아니지만 '당신 탓이고 당신이 문제야!'라고 보는 순간 심각한 문제가 되는 것이 바로 부부관계다.

전쟁의 도화선, 탓하기

부부싸움은 대부분 어느 한쪽의 잘못이라고 단정하기 어려울 정도로 애매모호한 부분이 많다. 게다가 갈등이 일어나는 문제에 초점을 두고 해결하기보다는 배우자를 비난하며 공격하는 쪽을 더 선호한다. 그 이유는 문제의 굴레에서 빨리 벗어나고 싶기 때문이다. 부부들이 배우자를 비난하면서 자신에게 일어난 감정이나 행동에 대한 책임을 배우자에게 자연스럽게 전가시키는 것도 배우자가 미워서가 아니라 그 문제에서 빨리 벗어나려는 마음이 앞선 나머지 그런 것이다. 뿐만 아니라 문제에 대한 책임에서 벗어나고 싶기도 하고, 그렇게 하면 내면에서 일어나는 여러 감정과 마주하지 않아도 되기 때문이다. 우리는 이것을 '책임 떠넘기기'라고 한다.

그러나 모든 책임을 배우자에게 전가시키고 떠넘긴다고 해도 문제의 근원은 사라지지 않는다. 왜냐하면 모든 사람은 어떤 문제에서 자기 자신을 보호하려는 본능이 있어, 상대방도 자신을 보호하며 강력하게 저항할 것이기 때문이다. 또한 '당신 탓'이라는 말 속에는 '당신이 이 일을 맡아서 문제를 해결해주면 좋겠어'라는 의미가 담겨 있다. 배우자에게 이런 자신의 마음을 표현하면 좋은데 대개의 경우 숨기는 쪽을 선택하기 때문에 오해를 불러일으키는 것이다.

탓하기가 처음부터 치열한 전쟁으로 가지는 않는다. 몇 번의 가벼운 공방전이 오가면서 배우자의 자존심을 상하게 하거나 과거의 아픈 상처를 건드리는 일이 발생하면, 숨어 있던 감정이 올라오면서 이성적으로 판단하던 기능을 마비시켜 전혀 원하지 않는 방향으로 두 사람을 몰아간다. 이때 부부의 감정은 성난 파도처럼 배우자를 집어삼킬 듯이 격하게 반응하면서 배우자에게 더 깊은 상처를 주게 된다.

부부싸움은 칼로 물 베기?

사실 부부싸움은 '칼로 물 베기'처럼 어느 한쪽이 진심으로 사과를 하면 언제 그랬느냐는 듯이 사라지는 것이 일반적이다. 격하게 다투었어도 문제에서 한 걸음 떨어져서 객관적으로 바라보면 정말 아무 일도 아닌 것이 부부싸움이지 않은가?

하지만 어느 쪽이 되었든지 자존심에 상처가 나면 부부싸움은 쉽게 해결되지 않는다. '자존심은 나의 모든 것'을 신념으로 삼고 있는 사람들이 많기 때문이다. 부부가 싸우고 나면 상대 배우자가 먼저 다가와 사과하기를 기대한다. 내가 먼저 다가가면 문제는 쉽게 해결이 되는데 실상은 그렇지 않다. 먼저 사과하는 것 자체를 자존심과 연관시켜 생각하기 때문에 일어나는 건강하지 못한 현상이다. 자존심을 중요하게 여기는 우리나라 정서의 특성상 진정성 있게 사과하기란 쉽지 않다. 잘못을 했으면 진정성 있는 사과는 기본 중에 기본인데 말이다.

부부관계가 자존심을 내세우는 관계인가? 결코 그렇지 않다. 부부가 서로를 탓하며 자존심을 내세우면서까지 싸워서 얻는 것이 무엇인지를 생각해본다면 답은 쉽게 나온다.

비난하며 문제를 배우자 탓으로 돌리는 것은 단순한 습관이 아니라 배우자의 인격을 공격하는 무서운 무기다. 자신의 잘못된 행동이나 감정은 자신이 해결해야 하는데 이것을 배우자에게 전가해서 배우자가 잘못한 것이라고 확인시켜주려는 숨겨진 의도가 담겨 있는 것이다.

부부 중 어느 쪽이든지 배우자를 나쁘다고 단정하고 비난해서는 문제가 해결되지 않는다. 그 문제가 작든 크든 마찬가지이기 때문에 부부 문제를 주관적으로 단정 지어서는 안 된다. 따라서 어느 한 사람만의 잘못으로 돌릴 것이 아니라 서로 잘못을 살피는 것이 중요하다. 부부 문제는 어느 한 사람이 해결할 수 있는 것이 아니다. 두 사람이 함께 풀어가야 하는 문제인 동시에 책임 또한 같이 져야 하는 것이다.

자기 멋대로 해석하지 말자

한 부부가 함께 약속 장소로 향하고 있다. 약속한 시간보다 훨씬 일찍 출발을 한 터라 시간적 여유는 있었다. 그런데 문제가 발생했다. 남편이 목적지를 코앞에 두고 길을 헤매고 있는 것이다. 이를 안타깝게 여긴 아내가 남편에게 이렇게 말했다.

"여보, 거의 다 온 것 같은데, 지나가는 사람에게 물어보자."

이 말에 남편은 기분이 상한 듯 쏘아 붙였다.

"조금만 기다려봐. 찾을 수 있는데 왜 그래! 시간도 있잖아."

같은 골목을 여러 차례 반복해서 돌고 있는 남편이 이해가 안 된다는 듯이 아내가 한마디 했다.

"아니 벌써 몇 번째야. 이러다가 늦겠어. 그냥 사람들에게 물어보자!"

아내가 이 상황에서 '길을 묻자'고 한 것은 남편의 개인적인 능력을 문제 삼으려는 것이 아니다. 아내는 단지 남편을 도와주려는 뜻에서 한 말이었는데 남편은 이것을 아내가 자신의 능력을 믿지 못한다고 해석한 것이다.

본인 스스로 길을 찾아 가겠다는 남편과 길을 모르면 아는 사람에게 물어보자는 아내가 틀린 것은 분명 아니다. 문제는 상대방에게 확인하지 않고 자기 멋대로 해석해 큰 오해를 불러왔다는 것이다. 이런 상황에서 서로를 탓하며 배우자 잘못으로 몰아간다면 오해로 끝나지 않고 큰 싸움이 될 수 있다.

사실 남자들은 이 상황에서도 책임을 다 하겠다는 의지가 자존심을 내세우려는 쪽으로 치우칠 수 있다. 자신은 혼자의 힘으로 목적지를 찾아갈 수 있는 능력 있는 사람이라는 것을 아내에게 보여주어 인정받으려는 마음이 있는 것이다. 이런 남편에게 길을 물어보라는 아내의 말은 '당신은 길도 제대로 몰라! 참 무능해'라고 들려 오해할 수 있다.

> 한 부부가 유명한 맛집을 찾았다. 아내가 서비스로 나온 된장찌개를 메인 요리보다 더 맛있게 먹는 남편을 보며 신경이 쓰이던 차에 남편이 한마디 한다.
> "된장찌개 죽이는데, 그래 이 정도는 돼야지."
> 이 말에 아내가 남편에게 쏘아 붙인다.
> "미안하네. 된장찌개 하나 이렇게 못 끓여줘서."

남편이 '그래 이 정도는 돼야지'라고 한 것은 아내와 비교한 것이 아니라, 맛집이라면 이 정도는 되어야 맛집이라는 뜻으로 한 말이다. 이처럼 상대방의 의도를 묻거나 확인하지도 않은 채 내 방식대로 해석해 배우자 탓을 하면 이런 오해는 언제든지 일어날 수 있다.

새로운 변화는 늘 나부터

나에게서 먼저 문제를 찾는 습관이 필요하다. 거울에 비친 자신의 모습이 마음에 들지 않는다고 계속 화내고 있을 사람은 아무도 없다. 정 마음에 안 든다면 어울리는 옷을 입거나, 화장, 머리 모양을 바꾸면 될 일이다.

부부 문제도 이와 같다. 부부는 서로 비춰주는 거울과 같다. 배우자의 행동을 탓하기 전에 자신의 감정이 어디를 향하고 있는지를 먼저 살펴보자. 자신은 문제가 없고, 배우자에게 문제의 원인을 찾으려 하기 때문에 갈등의 골이 깊어지는 것이다.

한 번은 화병으로 힘들어하는 남편이 필자를 찾아온 적이 있다.

남편은 결혼 전 아내의 착한마음씨에 반해 결혼을 했다. 그런데 아내는 두 자녀를 낳고 나더니 변하기 시작했다. 맹수처럼 날카롭게 남편을 공격하기 시작한 것이다. 남편은 심한 스트레스로 인해 화병이 왔다며 아내를 탓했다.

● 왜 우리는 늘 다투는 걸까?

이 남편은 아내가 자신의 모습을 비춰주는 거울이 아니라, 아내의 모습만 보이는 유리로 여겼던 것이다. 순한 양처럼 마음씨 고운 분이 결혼 후에 맹수가 되었다면, 직접적인 원인을 제공한 것이 더 큰 문제라면 문제 아니겠느냐며 부부의 원리를 설명해주자 남편은 새로운 관점으로 아내를 보기 시작했다.

부부가 배우자 탓을 하면서 자신의 모습을 보지 못하고 잘못의 책임을 떠넘기기로 일관한다면, 마음을 파괴하는 화병은 장작불로 그치지 않고 용광로가 되어 자신을 송두리째 집어 삼키게 된다. 그러므로 내가 먼저 배우자에게 어떤 역할을 하고 있는지 살피고, 새롭게 변하기 위해 할 수 있는 것이 무엇인지 알아야 한다.

새로운 변화는 언제나 나부터 시작해야 한다. 그 가장 큰 이유는 나를 변화시키고 조절할 수 있는 유일한 사람이 바로 나 자신밖에 없기 때문이다. 이 마음으로 부부가 한마음이 될 때 부부간에 일어나는 어떤 문제도 슬기롭게 해결할 수 있을 것이다.

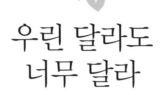

우린 달라도
너무 달라

"당신, 정말 무심해. 내가 아파서 힘들어하면 조금 일찍 들어와 좀 도와주면 하늘이 무너져? 도대체 나에 대한 관심이 있기는 한 거야!" 아내는 몸이 아픈 것도 서러운데 남편마저 반응이 없자 화가 단단히 났다.

"아니, 아프면 병원에 가면 될 일을 왜 나에게 짜증이야. 당신이 아픈 게 내 잘못이야!" 남편은 아파 끙끙 앓으면서 병원도 가지 않고 자신에게 화를 내는 아내가 도무지 이해가 되지 않았다.

● 왜 우리는 늘 다투는 걸까?

부부가 함께 살다 보면 이렇게 서로에 대해서 이해가 되는 것보다 도저히 이해할 수 없는 일들이 더 많은 것이 사실이다. 왜, 이런 일들이 일어날까?

남자와 여자는 다르다

그 이유는 의외로 간단하다. 남자와 여자는 근본적으로 다르기 때문이다. 부부는 서로 성도 다르고 자라온 환경이나 삶의 방식 등 서로 같은 것이라고는 거의 찾아 볼 수 없을 정도로 다르기 때문에 배우자가 나와 같기를 기대하는 것 자체가 모순이다.

행복한 결혼생활의 출발은 남녀가 서로 다른 존재라는 사실을 인정하고, 두 사람이 조화를 이루어 함께 공유해서 결혼생활을 영위할 수 있는 방법을 찾는 것이다. 두 사람이 함께 살면서 서로의 다른 점을 인정하지 않는다면 하루하루가 싸움과 갈등의 연속일 것이다.

배우자에게 화가 나고 짜증과 분노가 일어나는 것은 생각이나 마음이 서로 충돌하기 때문이다. 이 과정에서 자신의 생각과 마음을 고집하며 내세우기보다는 배우자의 어떤 행동이 내 감정을 격하게 하고 서로 갈등을 일으키는지 그 근본 원인을 찾는 것이 먼저다.

뇌 과학으로 본 남자와 여자의 일반적 차이

인류가 문명을 발전시켜 삶을 풍요롭고 윤택하게 하는 데 '과학'이 일등공신 역할을 했다 해도 과언이 아니다. 하지만 눈부신 활약에도 불구하고 아직까지 풀린 문제보다 풀어야 될 난제가 더 많은 것이 사실이다. 그중에 하나의 영역이 바로 뇌다.

사람의 뇌는 사람이 하는 모든 일을 맡아서 관장하고 있기 때문에 매우 복잡하다. 뇌는 뉴런이라 불리는 수백만 개의 세포로 이루어진 가시덤불 숲 같다. 셀 수 없이 많은 전류와 화학적 신호가 그 사이를 쉴 새 없이 오간다.

남자들은 여자들에 비해 우뇌보다는 좌뇌를 좀 더 자주 사용한다. 따라서 남자들은 더 분석적이고 논리적 전개와 시공간에 대한 능력이 강화되어 있다. 좌뇌보다 우뇌를 더 자주 사용하는 여자는 남자보다 뛰어난 언어 구사력과 직관력으로 대인관계에 강점을 보인다.

여자들은 좌뇌와 우뇌를 자유자재로 사용할 수 있는데 이는 좌뇌와 우뇌를 연결하고 있는 뇌량이 풍부하기 때문이다. 그래서 남자의 뇌는 한 가지 일에 잘 집중하는 반면, 여자의 뇌는 여러 일을 동시에 처리할 수 있다. 예를 들어, 눈으로는 드라마를 시청하고 귀로는 친구와 전화통화를 하며 손으로는 옷을 다린다. 이렇게 동시다발적으로 일을 처리할 수 있는 능력이 여자에게는 있다.

반면에 남자는 한 가지 일에 몰입한다. 스포츠 중계를 시청하고 있는 남편에게 아내가 어떤 요청을 하면 못 알아듣는 경우가 많다. 이는 아내를 무시해서가 아니라 한 가지에 몰입을 하고 있어 주변에서 일어나는 상황이 들어오지 않기 때문이다. 여러 일을 동시에 처리할 수 있는 아내의 입장에서 보면 이해가 되지 않는다.

남자와 여자는 관심사도 다르다

남자와 여자는 관심사에서도 차이를 보인다. 남자들은 어떤 일에 능력을 발휘해서 업적을 세우는 것을 중요하게 여긴다. 능력을 발휘해 자신의 목표를 이루는 것을 통해서 자신의 존재를 확인하기 때문이다. 그래서 능력과 힘을 키우기 위해 끊임없이 노력한다. 목표를 달성하는 것은 자신의 유능함을 입증하는 동시에 충족감을 느끼게 하는 원동력이다. 반면 여자들은 사람과의 친밀한 관계, 사랑이나 대화 등에 관심과 가치를 둔다. 남자가 능력 위주의 성취 중심으로 갈 때, 여자는 사람들과의 관계 속에서 자신의 존재를 확인하려 하는 것이다.

남자들은 의복에서도 자신의 신분이나 권위를 나타내려 한다. 군인이나 경찰 등 제복을 입는 것을 좋아하고 직장이나 스포츠를 할 때도 유니폼을 착용해서 한 팀이라는 동료의식을 불러일으킨다. 그러나 여자는 유니폼이나 단체복 대신 그날의 기분이나 느낌에 따라서 옷을 바꿔 입는 것을 선호한다. 옷을 통해서 신분이나 권위를 나타내는 것을 싫어하고 자신의 느낌을 살려 자기만의 독특한 개성을 표현하는 것을 즐긴다.

사람을 만날 때도 다르다. 여자의 주된 관심사는 인간관계이기 때문에 만나서 이야기 나누는 것 자체를 즐긴다. 서로 만나서 우정을 쌓고 관계를 풍요롭게 하는 것 자체가 목적인 것이다. 이에 비해 남자는 목적을 갖고 사람을 만나는 경우가 많다. 그래서 어떤 일에 대한 계획이나 업무상 논의를 하기 위한 만남이 대부분이다.

남자와 여자는 대화법도 다르다

남자와 여자는 대화법에서도 차이를 보인다. 여자는 많은 단어를 사용해서 본인의 생각이나 감정을 잘 표현한다. 대화도 본인의 감정을 잘 전달하는 데 힘쓰며, 말하는 자체에 목적을 둔다.

남자는 논리와 분석력에 강점을 보인다. 말에 신중한 태도를 취하기 때문에 말수가 적다. 과정보다는 결과에 초점을 두기 때문에 "결론이 뭔데? 결론부터 말해!"라고 말한다. 꼭 필요한 말에만 에너지를 쏟을 뿐 불필요한 말에는 관심을 기울이지 않는다. 자기에게 필요한 정보만 듣고 필요한 말만 정확하게 하는 것을 선호한다.

그러나 여성은 자세히 설명하는 것을 좋아한다. 필요한 정보만 전달하는 것은 자신에 대한 관심이 적어서 그렇다고 생각한다. 그러므로 남

● 왜 우리는 늘 다투는 걸까?

편은 아내와 대화할 때 구체적인 설명을 하면서 이야기를 전개해야 한다. 경청을 할 때는 세세한 부분이라도 끝까지 들어주어야 한다. 반대로 아내는 남편이 짧고 굵게 대화하는 것에 익숙해서 그렇게 말할 뿐 본인에 대한 관심과는 관계가 없다는 것을 기억해야 한다.

남자와 여자는 삶의 방식도 다르다

남자와 여자는 삶의 방식에서도 차이를 보인다. 여자는 관계를 중요하게 생각하기 때문에 관계를 깨면서까지 성공하려하거나 자신의 능력을 발휘하려고 하지 않는다. 여자는 아이를 출산하고 양육하면서 모성애 중심의 삶을 살아 왔기 때문에 가족 관계를 최우선 과제로 삼는 경우가 많다.

　반면 남자는 가족의 생계를 책임져야 하는 사명이 있기 때문에 끊임없이 노력하고 성공에 집착을 보이는 등 분명한 목표에 따라 움직인다. 또한 성공에 힘을 쏟다 보니 순간적으로 쏟는 에너지의 양이 많다. 이런 이유로 집에서 쉴 때는 확실하게 쉬면서 재충전하는 것을 최우선 과제로 삼는다. 뇌의 전원을 차단하고 방해를 받지 않으려고 한다. 이때 아내가 집안 청소며 설거지를 부탁하면 남편은 화를 낸다. 청소나 설거지가 하기 싫어서가 아니라 이미 전원을 내린 상황이라 전원을 올려 발전기를 돌리는 데 시간이 필요하기 때문이다.

그러나 아내는 기다려주지 않고 싫은 소리를 해 댄다. 그러면 남편은 발전기를 돌리기도 전에 감정이 상해 큰 싸움으로 이어진다. 결국 부부싸움을 하게 된 이유는 남편이 집안일을 하지 않아서도 아니고 아내가 무리한 부탁을 해서도 아니다. 남편과 아내가 서로 사용하는 뇌의 기능이 다르기 때문에 일어나는 현상임을 인정해야 하는 것이다. 남편 하루의 일과 속에 집안 청소나 설거지가 포함될 수 있도록 한다면 이 문제는 갈등 없이 해결할 수 있다.

남자와 여자는 스트레스 상황에서도 대처하는 방식이 다르다. 남자들은 기분이 좋지 않을 때 무엇이 문제인지 잘 이야기하지 않으려고 한다. 도움이 필요한 상황 외에는 타인에게 이야기해서 부담을 주는 것을 원치 않는다. 스트레스를 받으면 대개의 경우 그 문제를 곱씹으며 자기만의 시간을 갖는다. 신경이 예민해졌기 때문에 부주의하고 좀처럼 대화를 하지 않는다. 자기만의 동굴에서 해결책이 나올 때까지 생각하고 생각한다. 해결책을 찾으면 언제 그랬느냐는 듯이 동굴 밖으로 나온다.

여자는 스트레스가 되고 있는 문제를 스스럼없이 나누려고 한다. 스트레스를 받은 일이 있었다거나 마음이 우울하면 자신과 마음을 함께 나눌 수 있는 사람을 찾아가 속 시원하게 이야기한다. 인간관계를 통해서 문제를 해결하면서 자신의 존재와 의미를 찾으려고 한다. 감정을 나누면 서로 친구가 될 정도로 감성적이며, 관계가 기본적인 욕구라고 할 정도로 그 속에서 만족을 얻는다.

이처럼 여자는 감정의 공감대가 형성이 되기만 하면 쌓였던 갈등이나 감정이 곧 풀어진다. '관계를 맺음으로써 존재한다'고 할 정도로 관계가 중요하기 때문에 항상 사람 중심의 삶을 살아간다. 남자와는 큰 차이를 보인다. 여자는 사람 중심으로 관계를 중요하게 여기지만, 남자는 일 중심이다. 따라서 함께 일을 하거나 활동을 함으로써 친구를 사귀기 때문에 서열과 위계질서가 중요하다. 관계보다는 자신의 일이 우선이고 일에서 만족을 찾고 성취나 목표 지향적으로 삶을 살아간다.

여자가 자신의 감정을 표현했을 때 남자가 이것을 비판하지 않고 공감해주고 호응을 하면 여자는 남자가 자신을 이해하고 있다고 느낀다. 이처럼 여자는 자신의 감정을 공감해주고 이해를 받는 순간 남자를 인정하며 마음으로 다가간다. 여자한테 인정을 받은 남자는 여자의 말에 귀를 기울이거나 더 필요한 것이 없는지 살펴 채워주게 되어 있다.

❝ 부부가 건강한 열매를 맺기 위해서는 서로 신뢰하고
존중하는 토대 위에 삶에서 일어나는 수많은 난관과
인생의 과제들을 지혜롭게 대처하는 것이 중요하다. ❞

3부

무엇이 결혼 3년차를
힘들게 하는가?

직장 문제로 인한
부부 갈등

'하나의 밀알이 땅에 떨어져 많은 열매를 맺는 것'은 하늘이 정한 생명의 이치다. 씨앗에는 풀이나 나무가 되어서 꽃을 피우고 열매를 맺는 강력한 힘이 있으나, 땅에 떨어져 썩는 희생을 감수하고 수많은 외부환경을 이겨내야 한다. 이처럼 부부 역시 건강한 열매를 맺기 위해서는 서로 신뢰하고 존중하는 토대 위에 삶에서 일어나는 수많은 난관과 인생의 과제들을 지혜롭게 대처하는 것이 중요하다. 그 난관 중에 하나가 바로 직장문제로 인한 갈등이다.

● 왜 우리는 늘 다투는 걸까?

결혼생활은 망망대해를 항해하는 배와 같아서 거친 파도에 노출될 수밖에 없다. 끊임없이 일어나는 문제 앞에 두 사람이 한마음 한뜻으로 나가면 문제와 스트레스 상황에서도 충분히 해결할 수 있다. 하지만 반대로 불협화음을 내면 낼수록 문제는 계속해서 꼬이고 스트레스가 가중되어 두 사람이 해결하기 어려운 단계까지 이르게 된다.

워킹맘으로 산다는 것

워킹맘은 직업을 가지고 사회활동을 하면서 육아와 가사일도 하는 여성을 말한다. 워킹맘은 집안 살림과 자녀양육뿐만 아니라 회사 업무까지 모두 소화해야 하는 슈퍼맘들이다.

예전에는 남편은 사회생활에 전념하고 아내는 전업주부로, 그 역할이 확연하게 구분되었다. 하지만 요즘은 삶의 질을 경제적 여유에서 찾으려는 심리와 높은 생활물가 등 환경적 이유로 맞벌이를 선택이 아닌 필수처럼 여기고 있다. 어느 워킹맘은 이렇게 말했다. "퇴근해서 집에 오면 몸은 천근만근이죠. 그래도 어떻게 하겠어요. 젊을 때 조금이라도 더 벌어야지요. 그래야 늙어 고생하지 않죠."

맞벌이 문제는 결혼을 준비하는 과정에서 심각하게 머리를 맞대고 합의점을 찾지 않으면 큰 갈등으로 이어질 수 있다. '외벌이로 경제활동을 할 것인지 아니면 맞벌이로 경제활동을 할 것인지? 맞벌이로 경제활동을 할 경우 가사분담과 자녀양육은 어떻게 할 것인지? 가장 중요한 자녀 출산은 언제 할 것인지?' 등 결혼을 준비하는 과정부터 미리 계획을 세우고 우선순위를 정해놓지 않으면, 막상 문제가 발생했을 때는 제대로 대처하기 힘들다.

부부가 결혼 전부터 다녔던 직장을 계속해서 다니고 있는 30대 후반, 어느 부부의 이야기를 들어보자.

"결혼생활은 혼자 하는 것이 아니라 부부가 서로 공동의 몫으로 책임지듯이, 가사도 당연히 나누어서 해야 되는 게 아닌가요? 그런데 남편은 직장에서 퇴근한 후에는 손 하나 까딱하지 않아요. 저녁밥을 준비하고 있으면 청소나 아이들을 챙기는 것은 남편이 해주면 한결 도움이 되는데, 관심조차 없습니다."

이런 아내의 하소연을 듣고 있던 남편도 한마디 한다.

"부부 사이에 뭘 그렇게 빡빡하게 따져! 남들처럼 아주 안 하는 것은 아니잖아. 그래도 나는 다른 사람보다 조금은 도와주고 있잖아."

"왜 남들하고 비교를 해! 나도 당신을 다른 남편과 비교해볼까? 그 기분이 어떤지? 비교 당하는 것이 얼마나 사람을 비참하게 하는지를 말이야."

워킹맘들은 직장에서 퇴근하는 것으로 하루 일과가 끝나는 것이 아니다. 제2의 직장이라 할 수 있는 집에 일이 산더미처럼 쌓여 있기 때문이다. 남편들이 퇴근한 후에 편하게 소파에 앉아 TV를 보거나 직장 동료들과 회식을 하면서 늦게 집에 들어오는 것과는 사뭇 다르다.

남편들은 조금이라도 아내의 고충과 힘든 수고를 알아야 한다. 퇴근 후에 소파에 누워 TV를 보면서 가사 일에 조금도 신경을 쓰지 않고 '가사 일은 아내 몫'이라는 잘못된 고정관념과 이기적인 마음에서 벗어나야 한다. 입으로는 '부부는 한 몸이요, 가족은 하나의 울타리'라고 말하면서, 누구는 직장 일에 집안일까지 다하고 있는데 다른 한 사람은 편안하게 쉬고 있다면 부부 공동체를 잘못 이해하고 있다고밖에는 다른 말로 설명하기 어렵지 않겠는가?

맞벌이 부부 사이에서 발생하는 갈등의 제1순위가 가사분담이라고 한다. 집안일은 해도 해도 티가 안 나는 중노동이다. 미안한 마음에 집안일을 하고 싶어도 무엇을 어떻게 해야 하는지 몰라 고민으로 그치는 경우가 있다. 이런 경우라면 적극적으로 아내에게 물어야 한다. 어떤 일을 하면 되는지 구체적으로 대화를 하다 보면 자연스럽게 역할이 분담된다.

잠 못 이루는 슈퍼맨

남편이 살아가는 사회를 들여다보자. 요즘같이 직장이나 사업 환경에 어두운 그림자가 드리운 때가 많지 않다. 직장에 들어가기도 하늘의 별

따기인데다가 힘들게 들어간 직장에서마저 희망이 보이지 않는다. 평생직장은 이제 먼 나라 이야기가 되어버렸다. 하루가 다르게 각종 신조어(사오정, 오륙도 등)가 쏟아져 나오는 것을 보면 세상살이의 고단함 속에 얼마나 치열하게 싸우면서 하루하루 버티고 있는지를 알 수 있다. 그저 안타깝기만 하다.

남자들은 요즘처럼 사회적 환경이 급변하는 시대에서 살아남기 위해 배우자나 가족의 희생을 감수해야 한다는 생각을 많이 하고 있다. 취약한 사회 환경이지만 가족을 부양해야 된다는 일념 하나로 전쟁터와 같은 곳으로 몸을 내던지고 있다. 이는 자신이 가족을 부양하기 위해 수고하는 것을 인정받고 싶은 욕구가 강하게 작용하기 때문이다.

이런 남편을 있는 그대로 인정해주면서 '수고했다, 고맙다'라고 마음을 표현하면, 그 어떤 것보다도 더 큰 힘이 된다. 하지만 아내나 가족에게 인정받지 못하면, 자신을 인정해주는 곳에 에너지를 쏟아부어 문제와 갈등이 일어날 수 있다. 다시 말해 인생의 가치관이 부부와 가족 중심에서 사회생활 중심으로 바뀐다는 의미다. 이렇게 되면 가족과 함께 시간을 보내는 것보다 회사에서 좋은 성과를 내는 것을 당연하게 여기게 되고, 이 때문에 가족과 크고 작은 갈등이 생기게 된다.

그 무엇보다도 경제적 안정과 사회적 성취가 더 중요하다는 그릇된 사회적 가치관이 남편을 돈 버는 로봇으로 만들고 있다. 돈 많이 벌고 성공하면 모든 것이 용서가 되는 이상한 시스템이 사회 전반에 심각한 부작용을 일으키고 있다. 실제로 신혼부부를 대상으로 설문조사한 결

● 왜 우리는 늘 다투는 걸까?

과 '현재의 삶에서 가장 우선순위를 두는 것이 무엇인가?'라는 질문에 '내 집 마련'이 1위였다. 내 집 마련을 위해서 어느 정도 희생은 감수하겠다는 말이다. 배우자나 가족의 희생을 어느 정도 감수하고라도 내 집 장만의 꿈을 꼭 실현하겠다는 의지가 강했다.

그동안 국가나 사회 분위기가 경제적 풍요에만 초점을 맞추다 보니 그에 따른 부작용에 대해서는 관심을 기울이지 않았다. 사람이 살아가는 데 돈은 하나의 좋은 도구임이 분명하지만 배우자와 가족보다 더 우선순위가 되면 삶의 균형이 깨진다.

요즘 남편들은 일과 관련된 것보다는 관계에서 오는 어려움 때문에 직장생활이 힘들다고 입을 모으고 있다. 이것은 우리 사회가 제조업 중심의 산업사회에서 기술력을 앞세운 최첨단 산업으로 발전하면서 남자를 더 선호하던 기업 환경 자체가 변하고 있기 때문이다. 기업의 시스템 자체가 과거 노동집약적인 시스템에서 첨단 기술이 집약된 섬세함을 요구하는 시스템으로 바뀌고 있는 것이다.

남녀의 차이를 알면 직장생활이 행복하다

여자는 직장에서 인간관계에 문제가 생기면 일이 손에 잡히지 않는다. 집중력이 떨어지고 실수가 잦아지며 자신감마저 잃게 된다. 여자는 마음이 어지럽고 복잡한 문제가 생기면 가족이나 친한 친구와 대화를 나

눈다. 정서적 안정을 높이기 위해서다. 여자의 화두는 '어떻게 하면 저 사람들과 좋은 관계를 이어갈 수 있을까?'에 집중되어 있다. 작은 관심과 마음이 통하는 대화를 원하는 것이지 화려하고 대단한 것을 추구하는 것이 아니다.

남자는 자신의 일에 문제가 닥치고 어려움이 생기면 대인관계에 집중하기 어렵다. 대개의 경우 자신의 일과 업적으로 자신의 정체성을 세우고, 존재를 확인했기 때문이다. 남자는 자신의 생존도 중요하지만 가족을 부양해야 한다는 책임감이 있다 보니 생존에 필요한 양식에 우선순위를 두어야 했고, 공동체의 안전이 두 번째 과업이 되었다. 그래서 남자의 인생 화두는 '어떻게 하면 그 문제를 해결할까?'에 맞추어져 있다. 상황이 이렇다 보니 남성들은 자신이 맡은 일을 해내지 못했다거나, 자신이 잘못했다는 것을 시인하거나 인정하기를 꺼려한다. 일에 실패한 것을 자신의 인생이 실패한 것으로 생각하기 때문이다.

아내가 남편에게 어떤 문제에 대해 이야기하는 것은 남편의 인격을 무시하거나 그 능력과 자질을 문제 삼으려는 것이 아니다. 오히려 자기가 사랑하는 사람의 자질을 더 향상시켜주려는 마음에서 비롯된 것이다. 그런데 남편들은 이것을 자신의 무능함을 비난하는 것이라고 해석하는 경우가 종종 있다. 대개의 경우 남자들은 잘못과 실패를 인정하면 무능력하다고 생각한다. 또한 그렇게 무능력한 자신을 아내가 사랑해주지 않을 것이라고 생각한다. 그래서 자신의 잘못을 잘 시인하지 않으려 한다.

남자들은 이런 착각에 빠지기도 한다. 직장에서 자신이 맡은 일에 모든 에너지를 쏟아서 성공을 거두면 퇴근 후에 집에 돌아와 아무것도 하지 않아도 된다고 생각하는 것이다. 다시 말해 내가 회사에서 쏟은 에너지가 크기 때문에 집안일은 아내의 몫이라고 생각하는 것이다. 그리고 내가 쏟은 에너지만큼 아내가 자신에게 보답을 해주기를 원한다.

그러나 아내의 생각은 다르다. 직장 일도 하나의 일이고 집안일도 똑같은 하나의 일로 본다. 크고 작은 것의 차이로 보지 않고 가족을 사랑하는 마음으로 똑같은 일로 보는 것이다.

시어머니와 며느리,
장모와 사위

"당신! 어머니 편이야, 아니면 내 편이야?"

"아니, 내 편 네 편이 어디 있어?"

"어머니 아니면 죽고 못 살면 어머니하고 살지 왜 나하고 결혼을 했
어?"

"무슨 말 같지 않은 소리를 해. 짜증나서 당신하고는 말을 못하겠다."

상담소를 찾아온 결혼 17개월 된 어느 부부의 대화다.

● 왜 우리는 늘 다투는 걸까?

시어머니와 며느리의 남편 쟁탈전

결혼한 후에 부부들이 겪는 고통 중에서 유독 우리나라에서 특히 많이 나타나는 것이 바로 '고부간의 갈등'이다. 신혼부부들이 가장 극복하기 어려운 문제라고 하나같이 하소연을 한다. 부부싸움을 일으키는 원인 중 가장 해결하기 어려운 문제이기도 하다. 물론 복합적이기 때문에 과장된 부분도 있겠지만, 가장 해결하기 어려운 문제라는 점에서 주시할 필요가 있다.

우리나라를 보면 자녀양육과 교육으로 부모의 역할이 끝나는 것이 아니다. 성인이 된 후에도 여전히 부모의 손길은 자녀를 향해 있고, 심지어 결혼한 자녀에게까지 도움의 손길이 이어진다. 이렇다 보니 성인이 되어 결혼을 했어도 반 독립된 형태의 가족이 되어버렸다. 갈등이 일어날 수밖에 없는 구조가 된 것이다.

남편은 어머니와 아내의 중간에서 이러지도 저러지도 못하는 난처한 상황이다. '평생 너 하나만 바라보고 키워놓았더니 배신한다'고 어머니는 못마땅해 하고, '어머니가 좋아 편을 들려면 그 좋은 어머니 하고 살라'고 아내는 불만이다. 한 남자를 사이에 두고 어머니는 내 아들이라고 주장하고, 아내는 내 남편이라고 물러서지 않는 고부간의 전쟁이 시작된 것이다. 이 상황에서 누구의 편을 들어주고, 누구의 말이 맞는지는 중요하지 않다. 이런 상황이 되는 근본적인 원인을 찾아서 해결하는 것이 더 중요하다.

시어머니 시선에서

우선 시어머니의 시선으로 먼저 살펴보자. 힘들고 고단한 결혼생활을 자식 하나 바라보면서 견디며 살았다. 자녀를 유일한 낙으로 삼고 마음에 위안을 받았던 것이다. 특히 어머니 세대는 아들에 대한 기대가 컸고, 아들을 낳으면 그나마 그 집안에서 사람 대접을 받았던 정서도 있었다. 어머니의 힘들고 고단한 삶에 아들은 한 줄기 빛이었고 처절했던 현실을 이겨낼 수 있는 희망의 등불이었기에 어머니의 삶은 아들 중심으로 돌아갈 수밖에 없었다.

아내 시선에서

아내는 남편 하나 믿고 결혼해서 남편 집에 새 사람으로 들어간 것이다. 그래서 시어머니가 자신의 처지를 이해해줄 것이라 생각하지만 현실은 그렇지 않다. 예를 들어, 아들이 결혼 후 여자 문제를 일으키면 '네가 남편에게 얼마나 소홀했으면 바람을 피우냐'며 일단은 아들을 두둔하고 나선다. '어머니! 같은 여자인데 제 마음을 먼저 알아주시면 안 돼요?'라고 목소리를 높여보지만 돌아오는 것은 냉대뿐이다. 며느리가 아들을 좀 무시한다 싶으면 '네가 우리 아들 기죽이면 어떻게 하느냐'며 어떤 상황에서도 아들을 먼저 생각하는 게 시어머니다.

아내는 이런 상황이 황당하고 이해가 되지 않는다. 남편과 결혼을 한 것이지 시어머니와 결혼을 한 것은 아니기 때문이다. 그래서 남편과 시댁을 분리하고 싶지만 섣불리 했다가는 갈등만 가중시킬 뿐이다.

● 왜 우리는 늘 다투는 걸까?

남편 시선에서

남편은 어머니와 아내의 신경전이 마음에 큰 짐일 수밖에 없다. 결혼을 했으니 아내를 사랑하는 것은 자명한 일인데 그렇다고 어머니를 무시하고 아내 편을 들 수도 없다.

두 사람이 사랑해서 결혼을 했다면 관계에서 1순위가 당연히 배우자여야 한다. 하지만 어머니를 공경하려는 마음까지 거부하면서 내 편이 되어 달라는 것은 지나친 요구다. 따라서 부부가 함께 의논해서 부모의 문제와 시댁의 일을 상의하고, 아내가 집안의 손님이 아니라 한 주체임을 분명하게 할 필요가 있다. 사람은 누구나 부모를 사랑하고 윗사람을 공경하려는 선한마음이 있기 때문에, 자신이 시댁에서 어느 정도로 중요한 사람인지 알게 되면 시댁과의 갈등은 사라지고 관계가 좋아질 수밖에 없다.

점점 커지고 있는 장모와 사위 갈등

장서 갈등은 고부 갈등과 같은 주제이지만 실제 그리 익숙하지 않은 것이 사실이다. 우리 사회에 아직도 남아선호사상이 자리 잡고 있는 까닭이다.

부부가 결혼하면 서로에게 가장 가깝고 소중한 사람이기를 원하는 것은 당연하다. 뿐만 아니라 배우자가 소중하다면 배우자의 부모나 형제자매도 소중하게 여기는 것이 최소한의 예의다. 만약 나를 사랑하고 존중한다고 하면서 내 부모와 가족을 멀리한다면 갈등의 골은 깊어질 수밖에 없다.

실제 어느 젊은 남편의 이야기다.

지인의 소개로 만난 두 사람은 사귀면서 서로에게 깊은 호감을 가지게 되어 서로 미래를 약속했다. 두 사람의 사랑이 무르익어 갈 무렵 예비 장인, 장모에게 인사를 드리러 갔는데 예상 외로 반대가 심했다. 예비 장모는 직업도 시원치 않고, 생김새도 남자답지 않다며 남편을 냉대했다. 남편은 그 말에 깊은 상처를 받았다. 우여곡절 끝에 결혼을 했지만 처갓집에 가는 것을 꺼리게 되었다. 명절 때도 양가 모두 서울이라 처가에도 다녀오면 되는데, 자신은 마음이 불편해 찾아뵙지 못하고 아내만 다녀왔다.

"처갓집과 가까워지고 싶은 마음은 당연히 있죠. 그런데 다가가기가 쉽지 않네요. 아내를 위해서라도 빨리 해결하고 싶은데 말입니다."

요즘 장서 갈등이 사회적인 문제가 되고 있다. 우리 사회가 부계 사회에서 모계 사회로 급격히 바뀌는 과정에서 나타나는 현상으로 볼 수 있을 듯하다. 결혼은 인간관계의 확장이다. 이 말은 두 사람의 관계만 좋으면 된다는 뜻이 아니다.

● 왜 우리는 늘 다투는 걸까?

실제 요즘 젊은이들이 이런 말을 한다. "상대방은 마음에 드는데 결혼하면 복잡해지는 인관관계가 너무 힘들고 싫어요. 그래서 결혼은 생각 중입니다." 자신에게 이익을 주는 관계만 생각하는 것 같아 씁쓸하다. 부부관계는 두 사람의 관계로 끝나는 것이 아니라, 두 사람으로 새로운 관계가 시작되는 것임을 기억해야 한다. 배우자에게 가깝고 소중한 사람들을 멀리하면서 부부관계가 행복하기를 바라는 것은 오아시스 없는 사막을 걸어가는 것과 같다.

돈, 돈, 돈이
문제!

'사람이 인생을 살아가면서 깨어 활동하는 거의 대부분의 시간을 이것에 투자한다.' '부부들이 갈등을 일으키는 제1 원인인 동시에, 배우자의 외도 다음으로 부부 이혼에 치명적인 영향을 주는 것으로 유명하다.'

무엇에 관한 설명이라고 보는가? 그렇다. 바로 '돈'이다. 일명 돈이라고 표현하는 경제는 이 땅에 살아가는 모든 사람들에게 있어서 매우 중요하다. 부부관계에서도 돈은 잘 사용하면 서로에게 힘과 용기를 주는 도구가 되지만, 반대로 잘못 사용한다면 서로에게 씻을 수 없는 상

● 왜 우리는 늘 다투는 걸까?

처와 고통을 주기도 한다.

두 사람이 만나 사랑의 불길이 타오를 때는 '내 것도 모두 당신 것'이라며 쉽게 말한다. 하지만 이런 태도는 얼마 가지 않아 쉽게 바뀐다. 사람이 변하는 것이 아니라 예기치 않았던 복잡한 일들로 인해 오해가 생기기도 하고 감정이 쌓여 돈을 대하는 태도가 달라지는 것이다. 왜냐하면 돈에는 우리가 생각하는 것 이상의 가치와 힘이 있기 때문이다.

경제적 풍요와 삶의 질

세계 경제뿐만 아니라 우리나라 경제는 과거와 비교할 때 괄목할 만한 성장을 이루었다. 과거에 비해 생활은 편리해졌고 수십 년 전에는 생각하지도 못했던 자동차와 가전제품, 그리고 명품에 이르기까지 이 모든 것을 누리는 시대가 되었다. 소비의 습관이나 양이 많아진 것뿐만 아니라 질적인 증가도 두드러지고 있어, 우리 사회가 경제적으로 풍요로워진 것은 의심할 필요가 없다.

그러나 경제적인 성장과 풍요를 이루었다고 해서 삶의 질까지 높아졌다고 볼 수는 없다. 경제 규모가 커졌고 소비량이 늘어나면서 사람들의 기대 심리 또한 덩달아 상승하다 보니, 만족하지 못하고 늘 허전하고 배고파하는 상황을 사회 이곳저곳에서 볼 수 있다.

재산과 물질적인 소유는 더 늘어나고 있지만, 풍족하다고 느끼는 사람들은 오히려 찾아보기 어렵다. 다시 말해 '풍요 속에 빈곤' 상태가 된 것이다. '물질만능주의'는 사람이 사람다워지는 것이 아니라, 사람에게 있어 가장 중요한마음을 돈과 물질에 뺏겨 주인 자리를 내주는 것을 의미한다고 하겠다.

서울 변두리를 전전하며 고생 끝에 제법 많은 돈을 벌어 정착한 부부의 이야기다.

부부는 어린 자녀를 데리고 변두리 싼 방을 전전하며 힘들게 살았던 지난날은 기억하기조차 싫은 아픔이라고 말했다.

"없는 살림에 집 없는 설움은 겪어보지 않은 사람은 모릅니다. 그래서 밑바닥부터 안 해본 것 없이 앞만 보고 달렸어요. 우리 부부가 악착같이 일해서 이제는 작은 사업장을 운영하고 있어요. 하지만 우리 부부는 돈에 휘둘리지 말자는 원칙을 세워 철저하게 지켰죠. 이 원칙이 우리 부부를 건강하게 지킨 것입니다."

그렇다. 부부의 삶이 힘든 것은 경제 탓이 아니다. 정말 돈이 없어 갈등이 일어나기보다는 타인과 비교하기 때문에 갈등이 생기는 것이다. 모두가 어려웠던 1970~1980년대에는 상대적 빈곤이라는 말이 생소할 정도로 없는 살림에 서로 돕고 나누었다. 그 어려웠던 때에도 행복을 노래하며 사람답게 살았는데, 세계 10위권의 경제규모를 자랑하는 나라가 된 지금 오히려 '힘들다, 죽겠다'며 아우성인 것이다. 경제가

　　　　　　　　　　• 왜 우리는 늘 다투는 걸까?

어렵다는 것은 핑계에 불과하다. 남과 비교하면서 더 가지려는 욕심을 내려놓지 않으면 이 문제에서 자유로울 수 없다.

많은 부부들이 이렇게 말한다. "우리 부부는 돈만 있으면 모든 문제가 해결돼요. 돈이 문제입니다. 돈이." 돈만 있으면 해결된다는 것 자체가 모순이고 착각이다. 겉으로 보기에는 돈만 있으면 해결될 것처럼 보이지만 실제는 그렇지 않다.

물질만능주의에 빠지면 적절한 소비와 건강한 경제에서 벗어나 물질이 주인이 되는 탐욕 문화에 지배당하게 된다. 특히 과소비는 자원을 낭비하고 환경을 파괴할 뿐만 아니라 물질에 대한 과도한 집착으로 인해 인간성 상실이라는 대재앙을 몰고 온다는 것을 깊이 인식해야 한다.

과해서 넘치는 것보다는 좀 부족한 것이 유익할 때가 있다. 배고픈 사람은 밥 한 그릇이면 배를 채울 수 있지만, 식탐을 억제하지 못한다면 결국 탈이 나고 만다. 돈도 이와 같다.

돈에 대한 가치관 세우기

부부의 삶에서 돈은 양날의 칼과 같다. 함께 살아가는 공동체이기 때문에 돈에서 자유롭거나 영향을 받지 않을 수 없다. 부부들의 고민을 들어보면 돈을 관리하는 방법의 차이와 가치관이 서로 달라 발생하는 문제가 상당수를 차지한다. 두 사람이 함께 똑똑하게 소비하고 지혜롭게 관리하는 것이 중요한 이유가 여기에 있다.

삶에서 경제가 차지하는 비중이 높은 것은 사실이지만, 그렇다고 해서 돈이 부부의 삶에 전부는 결코 아니다. 행복은 돈에 달려 있는 것이 아니라 부부가 어떻게 관리하느냐에 따라 얼마든지 달라질 수 있는 것이다. 직장과 사업에서 들어오는 수입과 지출에 대한 사용 가능한 범위, 그리고 빚과 저축에 대한 처리 방식 등의 기본적인 문제에 대해 부부가 서로 함께 결정하고 합의하자. 경제적인 문제로 인해 갈등은 있을 수 있겠으나 배우자 마음에 깊은 상처를 입히는 것은 피할 수 있다.

요즘 우리 사회를 보면 경제의 크고 작음이 삶의 가치를 측정하는 도구가 되어가고 있는 듯하다. 경제적 부유함이 행복과 성공을 가져다준다는 잘못된 신념이 확산되어 사람들은 더 많은 돈을 벌고 재산을 축적하기 위해 전력을 기울인다. 그러나 대다수의 사람들은 행복한 삶을 정의할 때 돈이 아닌 건강한 결혼생활, 자녀와의 좋은 관계, 즐거운 직장생활, 타인을 도와주는 삶 등을 말한다.

돈으로 할 수 있는 것과 할 수 없는 것이 분명하지 않은가? 돈으로 멋진 집은 살 수 있어도 가족은 살 수 없고, 잘 꾸며진 멋진 방과 침대는 살 수 있어도 잠은 살 수 없다. 책은 살 수 있어도 지혜는 살 수 없으며, 병원을 크게 짓고 온갖 좋은 약은 살 수는 있어도 건강과 생명은 살 수 없다.

돈이 사람이 살아가는 데 꼭 필요한 요소인 것은 분명하다. 그러나 그렇다고 해서 돈이 인생의 전부인 것은 아니다. 삶에 유용한 도구이긴

하지만 우리의 삶의 가치를 좌지우지할 만큼의 대단한 존재가 되어서는 안 된다.

예산 세우고 집행하기

부부가 함께 돈을 관리할 때 가장 먼저 해야 할 일은 예산을 세우는 것이다. 예산은 소득과 지출의 균형을 맞추기 위한 것으로 반드시 부부가 합의해서 진행해야 문제가 되지 않는다. 예산을 세우고 난 뒤 어디에 돈을 적절하게 쓸 것인지 미리 계획을 세워보자.

예산을 세우고 적절하게 집행하기란 말처럼 쉬운 일이 아니다. 처음에 예산을 세우는 과정에서 사고 싶은 충동과 싸워야 되고 사고 싶은 것 때문에 부부간에 갈등이 불가피하게 생길 수도 있다. 그럼에도 불구하고 예산을 세우고 집행하는 일을 꾸준히 반복하다 보면 어느새 당당히 돈을 지배하고 있다는 것을 깨닫게 될 것이다. 이렇게 부부가 계속 힘을 합쳐 예산을 세우고 집행하면, 예산 중 일부를 저축할 수도 있을 것이다.

한 가정이 재정적인 어려움이 없으려면 가게 총 수입의 일정 부분을 저축해야 한다고 한다. 생활하면서 저축을 한다는 것은 정말 쉽지 않다. 그러나 내 인생을 누가 대신 살아주지 않는 것처럼 부부의 가정 경제를 대신 책임져줄 사람은 없다는 것을 기억하자.

돈이 세상의 중심이 된 지 오래다. 세상의 중심이 된 돈에 지배당해 언제나 전전긍긍하는 노예로 살 것인지, 아니면 돈을 적극적으로 잘 활용해서 돈을 지배하는 주인이 될지는 부부의 선택과 태도에 달려 있다. 내가 건강하게 경제활동을 하고 있을 때, 안정적인 삶을 계속해서 유지하기 위한 비결은 다른 곳에 있지 않다. 경제활동을 하고 있는 그 순간이 저축을 하는 등, 돈을 건강하게 관리하는 적절한 시기다.

좋은 부모는
노력으로 만들어진다

"우리 인생은 이 세상에 태어나 30년은 자녀로 살고, 장성해서 결혼
한 후에 자녀를 낳아 30년은 자녀를 기르고, 나머지 30년은 손주들
의 재롱과 성장하는 모습을 보면서 인생을 마친다."

　　필자가 부모세미나에 참석한 부부들에게 자녀양육의 중요성을 강조
하면서 자주 하는 말이다.

하늘이 내린 선물, 자녀

부부가 결혼해서 경험하는 가장 큰 기쁨이 두 사람의 유전자까지 완벽하게 빼닮은 아이를 낳을 때라고 한다. 이 세상에 단 하나밖에 존재하지 않는 유일무이한 생명체가 부부에게 선물로 주어졌으니 가장 경이로우면서도 신비로운 경험이다. 그래서 아이가 있는 사람들은 자신의 인생에서 가장 보람되고 가치 있으면서 가장 힘들고 책임감이 느껴지는 일이 자녀양육이라고 입을 모은다.

부모는 기본적으로 자녀의 신체적 건강과 정서적 필요뿐만 아니라 사회적 요구까지 책임을 지는 중요한 위치이기 때문에 표현하기 어려울 정도로 막중한 책임이 따른다. 그럼에도 우리 사회는 부모 역할에 대해서 적절한 준비를 할 수 있도록 도와주거나 양육훈련을 전문적으로 받을 수 있는 곳이 전무하다.

비행기를 운행하는 데도 반드시 몇 년간 의무 교육과 훈련을 받아야 하는데, 비행기보다 더 정교하고 우주보다 더 복잡한 사람을 양육하는 데 그 흔한 훈련센터 하나 없다. 아무런 교육이나 훈련 없이 아이가 태어나면 '부모'라는 이름을 붙여주는 것으로 그만이다. 그래서 대부분의 부모들은 자녀가 태어나고 대면하고서야 어떻게 기를 것인가를 고민한다. 예행연습도 없이 순간순간 아이와 부딪히면서 연습과 실전을 함께 해 나가기도 한다.

부부는 자녀를 위해서 준비해야 한다. 자녀의 출산에 대해 준비를 한 부부는 유대감이 증가하고 부부관계가 더 좋아진다. 반면에 제대로 준비하지 않은 상황에서 자녀가 태어날 경우 오히려 결혼생활의 만족도가 떨어진다는 연구결과가 있다.

자녀가 태어나기 전에는 부부가 오직 두 사람을 위해서만 시간과 에너지를 사용하며 관리했다. 하지만 자녀가 태어나게 되면 자녀에게 거의 모든 시간과 에너지가 들어간다. 출산 전에는 서로에게 집중해서 필요한 부분을 채워주면 되었으나 이제는 자녀에게 온 신경을 기울여 집중하다 보니 스트레스가 쌓이게 된다. 두 사람이 마음을 하나로 묶지 않으면 심각한 문제가 일어날 수 있는 상황이 된 것이다.

자녀양육의 첫 걸음, 화목

부모는 자녀가 크면서 어쩌다 잘못이라도 하면, 매를 들거나 소리를 치며 상처가 되는 말들을 쏟아내기도 한다. "쟤는 누구 닮아서 저래", "참 잘하는 짓이다. 넌 뭐가 되려고 그런 짓을 해!" 등 자녀의 마음은 아랑곳하지 않고 자신의 감정만 쏟아낸다. 자녀는 '상처'라고 말하지만 부모는 '사랑과 관심'이라 말한다. 자녀는 '잔소리 좀 그만하라'고 하소연하지만 부모는 '너 잘되라고 하는 말'이라고 한다. 하지만 부모가 아무리 자녀를 위해서 하는 말이라 하더라도 자녀가 싫어하고 상처를 받는다면 방법을 바꿔야 한다. 그 방법은 바로 진정성 있는 행동을 보이는 것이다.

자녀양육은 이 세상에서 가장 어렵고 복잡할 뿐만 아니라 정답이 없다. 그래서 부모들은 온갖 정성과 에너지를 쏟아부어도 결코 만족할 수 없는 것이 자녀양육이라고 말한다. 이렇게 힘들고 어려워도 건강하게 자녀를 양육하는 첫걸음은 부부가 화목한 모습을 보여주는 것이다. 자녀양육에 대한 각종 연구에 따르면 화목하고 원만한 관계를 유지하는 부부의 자녀가 심리적으로 안정되어 있고 성장 또한 촉진되는 것으로 나타났다.

화목한 부부일수록 서로의 역할이 잘 나누어져 있고 책임도 분명하다. 예를 들어, 아기가 밤잠을 설친다면 시간을 정해 놓고 부부가 번갈아가며 돌보는 것이 효과적이다. 부부간의 역할이 불분명하고 경계선이 정확하지 않으면 문제가 생겼을 때 적절하게 대처하기 어렵다. 뿐만 아니라 문제를 해결하기 위한 책임 소재도 명확하게 할 수 없어 늘 갈등에 노출될 수밖에 없다.

어느 30대 후반의 남성이 마음의 짐으로 인해 너무 고통스럽다며 도움을 요청해왔다. 자신은 아내와 자녀 하나를 둔 평범한 직장인이라고 했다.

"개인적으로 스트레스가 너무 커 가슴이 터질 지경입니다. 직장 일은 그런대로 잘하고 있는 편인데 집에만 오면 심적 부담이 너무 큽니다. 직장 일로 피곤해도 집안일을 도와주지 않은 적이 거의 없습니다. 직장에서 회식도 1차만 하고 친구들과 만나는 것도 손에 꼽을 정도입니다."

필자가 물었다. "직장에서 좀 늦게 퇴근할 수도 있고, 퇴근 후에 친구들과 놀다가 들어갈 수도 있는 일이고, 또 개인적인 시간을 갖는 것도 필요하지 않은가요?"

"저도 그렇게 평범하게 살고 싶죠. 집안일은 아내가 알아서 해주면 더 좋고요. 저도 더 이상 신경 쓰지 않아도 되고 말이죠."

다시 물었다. "퇴근을 한 후에는 좀 편하게 쉬면서 스트레스 받지 않는 선에서 집안일과 자녀양육을 도와주면 되는 것이 아닌가요?"

"저도 아내 눈치 보면서 마지못해 하는 식이 아닌, 마음이 움직이는 대로 해보는 것이 소원입니다. 아내 눈치나 살피며 때론 비위를 맞추는 제 자신이 너무 싫습니다."

아내가 자신을 힘들게 하거나 괴롭히지도 않는 상황에서 본인 스스로 아내의 눈치를 보며 힘들어하는 문제의 원인이 본인에게 있는 것은 아닌가 싶어서 원가족을 탐색했다. 남편의 아버지는 술과 노름에 빠져 집안 살림은 거의 신경도 쓰지 않았고 가출을 해서 연락두절 상태라고 했다. 그래서 어머니는 오남매를 혼자의 힘으로 키우며 힘든 세월을 보냈다고 한다. 그러던 어느 날 어머니가 술기운에 '너희들이 나를 힘들게 하면 엄마도 떠난다'는 말을 했고, '엄마가 힘들면 나를 버리고 떠난다'는 말의 노예가 되어 늘 전전긍긍하며 불안한 나날을 보냈다고 한다. 결혼 한 후에도 이 심리가 그대로 나타났다. 아내도 힘들면 나를 버리고 떠날지 모른다는 생각이 든 것이다.

이렇게 어린 시절 상처의 굴레는 그 연결고리를 자르지 않으면 자신도 모르는 사이 계속해서 부정적인 영향을 주는 경우가 많다. 따라서 자신도 모르는 불안 심리가 나타나면 전문가의 도움을 받아 해결하는 것이 현명하다.

부모가 자녀를 키우는 데 쏟는 애정과 에너지처럼 숭고하고 아름다운 것은 세상에 또 없을 것이다. 이 애정과 사랑의 에너지가 자녀의 마음에 상처를 주는 도구로 잘못 사용되지 않도록 세심하게 주의해야 한다. 아직도 좋은 부모가 되려면 더 많은 연습과 땀 흘리는 노력을 해야 하는 것은 분명해 보인다. '어제도 좋은 부모가 되기 위해 수고를 아끼지 않더니, 오늘도 변함없이 그 자리를 지키고 있네'라고, 스스로 격려하고 응원하는 부모들이 되기를 바란다.

모든 것이
스트레스 때문이야!

휴일 오후, 한 부부가 운동을 하면서 이런 저런 대화가 오고 간다.

아내: "여보, 요즘 운동을 했더니 날씬해진 것 같아. 함께 운동해줘서
　　　　고마워."

아내의 말에 기분이 좋아진 남편도 한마디 한다.

남편: "요즘 내가 더 젊어졌으면 좋겠다는 생각이 들어."

아내: "왜 갑자기 그런 생각을 하게 됐는데?"

남편: "당신과 더 오래 행복하게 살고 싶어서."

동일한 상황에서 다른 부부의 예를 보자.

> **아내:** "여보, 나 요즘 날씬해진 것 맞지? 20대 몸매로 돌아갔으면 좋
> 겠다."
> **남편:** "그래? 난 살이 빠진 건지 잘 모르겠는데. 나도 젊어져 20대로
> 돌아갔으면 좋겠다."
> **아내:** "왜? 갑자기 그런 생각을 하게 됐는데."
> **남편:** "더 근사하고 멋진 연애를 해보게."

내부의 적과 외부의 적

아내는 날씬해진 것을 확인하기 위해서 남편에게 물어본 것이 아니라 남편이 자기에게 얼마나 관심이 있는지 확인하고 싶은 마음에서 물어본 것이다. 그런데 남편은 아내의 속마음을 뒤집어놓는다. 이런 경우에 아내는 극심한 스트레스 상황이 된다. 내 편이라 철석같이 믿었던 남편이기에 마음의 충격은 더 크다.

이처럼 평소 내 편(배우자나 가족)이라고 믿었는데 자기와 뜻을 같이 하지 않는 것을 일명 '내부의 적'이라고 말한다. 배우자와의 갈등이나 가족문제 등이 이에 속한다. 마음을 나누고 뜻을 함께했던 동지가 내부의 적이 되는 믿을 수 없는 상황이 되기 때문에 마음에 깊은 상처를 동

반하는 경우가 많다.

이와 반대로 '외부의 적'은 스트레스가 두 사람 사이에서 생기는 것이 아니라 외부 요인으로 발생하는 것이다. 따라서 두 사람이 동지가 되어 힘을 함께 모으면 해결할 수 있다. 외부의 어떤 문제로 오는 스트레스, 즉 집안문제를 제외한 모든 문제가 외부의 적이라고 할 수 있다.

그런데 우리나라의 경우 스트레스의 요인을 내부의 적과 외부의 적으로 나누기 어려운 부분이 있다. 남한과 북한이 공동경비구역을 두어 함께 관리하는 것처럼 부부가 공동으로 관리해야 할 부분이 있는 것이다. 바로 시댁과 처가의 문제다. 엄밀히 따지고 보면 내부의 적이라고 단정 짓기도 어렵고, 그렇다고 외부의 적이라고 하기에도 애매하다. 이렇게 단정 짓기 어렵다 보니 이로 인한 갈등이 실제로 부부들 사이에서 많이 일어나고 있고, 한 번 일어나면 문제가 복잡하게 얽혀 쉽게 해결하기 어렵다.

스트레스, 정서적 통증

몸이 아프면 자연스럽게 통증이 생긴다. 통증은 내 몸 시스템에 고장난 부분이 있으니 특별 관리해 해결해 달라는 신호인 셈이다. 이와 마찬가지로 정서를 담당하는 시스템이나 인지를 담당하는 시스템 역시 각종 문제가 발생하면, 센서가 이를 감지해 알려주는데 이 시스템이 바로 '스트레스'다. 스트레스는 분명 몸에 통증을 유발하고 마음에 부담을 주는 것이 사실이다. 마음에 상처를 받는 악순환이 계속되면 만성피로, 심인성 위궤양과 복통, 긴장으로 인한 두통과 고혈압, 거식증이나 폭식증 같은 질환이 올 수 있다.

인지적·정서적으로 처음에는 문제를 부인한다. 그러다가 문제가 심각해지면 이성적인 기능이 점점 제 기능을 하지 못하면서 모든 문제를 감정적으로 풀려고 한다. 항상 걱정이 많고, 현재의 어려움을 배우자 탓으로 돌리거나 불평을 늘어놓는 등 사고 패턴이 우울해진다. 감정 또한 마찬가지다. 자신의 감정을 배우자에게 솔직하게 드러내려 하지 않다가 스트레스가 과도하게 쌓여 폭발하게 되면 죄책감에 한동안 힘들어한다.

이런 정서는 계속해서 반복되는 경우가 많아 종종 자신을 스스로 고립시킨다. 혼자만의 세계에 틀어박혀 세상과 담을 쌓기도 하고, 건강한 애착이 아니라 집착과 강한 소유욕을 타나내는 등 폭력과 공격성이 나타나게 된다. 심할 경우 배우자의 손이 닿는 것도 원치 않기 때문에 스킨십은 언감생심 꿈도 꾸지 못한다.

정서적으로 문제를 보이는 부부들에게는 또 하나의 큰 특징이 있는데, 바로 사회적 행동에 문제를 보이는 것이다. 오랜 기간 부부가 정상적인 소통이 없다 보니 함께 외출하거나 사람을 초대해서 함께하는 데 소극적일 수밖에 없다. 소통에 어려움을 겪다 보니 타인과의 관계 자체를 어려워하고 자기주장 또한 힘들어하면서 사회에 대해 공포를 느끼기도 한다.

하지만 스트레스가 부부생활을 어렵게 한다고 해서 모두 나쁘다고 간주해서는 안 된다. 적당한 스트레스는 오히려 몸에 긴장을 유지시켜주고 집중력을 높여주는 등 긍정적인 효과도 있기 때문이다.

스트레스에 적극적으로 맞서자

사람은 스트레스를 받으면 아드레날린을 분비해 위험한 상황에 대처하도록 시스템화되어 있다고 한다. 이런 상황이 오면 우리 몸은 나를 지키기 위해서 순간적으로 두 가지 반응을 보인다. 맞서 싸울 태세를 갖추거나 아니면 도망가는 쪽을 선택하는 것이다. 이때 우리 몸은 혈액과 순환계에 반응이 일어나는데, 혈압이 상승하고 호흡이 가빠지면서 심장박동이 빨라진다.

의학계는 스트레스가 심장병을 포함한 심혈관계 질환을 일으키고, 편두통과 호르몬 변화로 인한 질병, 불면증 등을 유발하는 것으로 보고 있다. 더 큰 문제는 스트레스가 '침묵의 살인자'처럼 다가와 소리 소문도 없이 관계를 파괴하기도 하고 때로는 우리의 삶을 송두리째 집어 삼키기도 한다는 것이다.

부부가 건강하게 스트레스를 관리하기 위해서는 세심한 주의가 필요하다. 먼저, 서로 신뢰가 바탕이 되어야 한다. 배우자가 자신을 충분히 이해하고 있으며, 어떤 상황에서도 자신을 도와준다는 믿음 하나가 큰 위안이 될 때가 있다.

만약 배우자가 지각을 해서 상사에게 주의를 받고 의기소침한 상황일 때 "상사가 뭔가 짜증나는 일이 있었던 것 같네. 오늘따라 당신에게 화를 낸 것을 보면"이라고 말하면서 여전히 배우자를 믿어주면 없던 힘도 생긴다. 이런 상황에서 배우자의 역할은 배우자를 믿어주는 것이다. 누가 옳고 잘못을 했느냐는 중요하지 않다. 이런 상황을 배우자에게 말하는 의도는 그럼에도 불구하고 위로와 힘이 되어 달라는 뜻이 담겨 있는 것이다.

다음은 부부의 대화가 오히려 스트레스를 가중시키는 경우다.

남편: "오늘 회사에서 선배와 말다툼을 했어. 내 의견에 계속 토를 달면서 트집을 잡잖아. 내가 평소 부장님과 사이가 좋은 것을 질투해서 그런지 사사건건 트집을 잡네."

아내: "당신 또 시작이네. 별것 아닌 것 가지고 확대해석하는 것 아냐? 당신은 매사에 과잉반응을 보이는 게 문제야!"

남편: "무슨 과잉반응? 선배가 나를 질투해서 사사건건 트집을 잡는다니까."

아내: "당신 그 버릇 아직도 가지고 있어? 이제는 좀 그만 해. 지겹지도 않아?"

남편: "에이 됐어. 내가 당신에게 무슨 말을 하겠어!"

다음은 쌓였던 스트레스가 오히려 완화되는 경우다.

> **남편:** "오늘 회사에서 선배와 말다툼을 했어. 내 의견에 계속 토를 달면서 트집을 잡잖아. 내가 평소 부장님과 사이가 좋은 것을 질투해서 그런지 사사건건 트집을 잡네."
>
> **아내:** "아휴, 당신 속상하겠다. 그 선배는 왜 당신을 괴롭히고 그래. 서로 도와주면 좀 좋아?"
>
> **남편:** "선배가 나를 질투해서 그런지 사사건건 트집을 잡아."
>
> **아내:** "우리 남편이 마음이 좋아 그렇지, 다른 사람 같으면 큰 싸움 일어나고도 남았지. 당신 많이 힘들겠다. 그래도 힘내."
>
> **남편:** "그건 그래. 마음씨 좋은 내가 참아야지. 이제는 적당히 무시해야겠어. 당신이 내 맘 알아주니까 내가 힘이 나네. 고마워."

바다가 쉬지 않고 또 다른 파도를 만들어내듯이, 사람이 다른 사람과 관계를 맺다 보면 갈등으로 인해 스트레스가 일어난다. 스트레스가 소리 없이 다가와 인간관계에 치명적인 손상을 준다 하더라도 부부가 한마음 한뜻으로 대처하면 이겨낼 수 있다.

"나는 당신을 믿어! 내가 옆에 있으니까 힘내!"

이 말 한마디면 스트레스는 소리 소문도 없이 사라진다. 스트레스가 많은 세상이라고 탄식하면서 불평만 하는 것이 아니라, 더욱 적극적으로 맞서 싸워 더 아름다운 세상이 되었으면 한다.

'당신의 부드러운 눈빛과 따뜻한 말 한마디가 이 세상
의 그 어떤 것보다 값집니다' 라는 고백과 함께 따뜻한
배려가 녹아 있는 눈빛을 보내보자.

4부

대화와 경청,
부부관계의 시작이다

그런 말은
싫어요!

결혼생활에서 배우자가 주는 잔잔한 감동과 소소한 일상에서 느끼는 작은 행복은 삶에 의미와 활력을 가져다준다. 이와 반대로 사랑하는 사람의 외면이나 작은 말 실수 하나에 깊은 상처를 입기도 한다. 나의 모든 것을 알고 있는 가장 가까운 사람에게서 받은 상처는 다른 사람에게서 받은 상처와는 비교할 수 없다.

무심코 입에서 나온 말 한마디가 전부를 집어삼킬 수 있는 이유는 그만큼 서로 믿고 의지하는 관계가 부부이기 때문이다. 부부관계에서 말

● 왜 우리는 늘 다투는 걸까?

한마디는 두 사람의 관계 전체를 허물어뜨리는 무기가 될 수도 있다. 부부생활에서 부정적 대화는 두 사람의 관계를 해치고 갈등을 키우는 원인이 되기 때문에 주의해야 한다.

부정적인 말 한마디가 부부관계의 전부를 집어삼키지 않도록 다음 세 가지는 꼭 노력해야 한다.

첫째, 배우자 탓으로 돌리지 마라

2부에서 잠깐 언급한 내용이다. '탓하기'는 부부관계를 나쁘게 하는 주요 원인이라 다시 한 번 집고 넘어가고자 한다.

상대방에게 예기치 않은 공격을 받으면 어느 누구나 자기 자신을 보호하려고 온 에너지를 집중한다. 자신을 보호할 목적으로 상대방을 공격하게 되는데 그 무기가 바로 '탓하기'다. 부부도 마찬가지다. 예기치 않은 상황에서 배우자에게 공격을 받으면 방어할 목적으로 배우자를 강하게 비난한다. 감정은 극에 달해 이성은 통제 불능 상태가 되고 정서적 안정감은 제 기능을 잃게 된다. 감정의 홍수에 빠지면 본능에 따라 행동하기 때문에, 배우자를 이기기 위해서 온갖 수단과 방법을 총동원한다. 배우자에 대한 부정적 감정은 극에 달해, 과거의 상처를 이용해 상대방을 공격하거나 서로의 단점을 폭로하면서 배우자를 몰아붙인다. 이 싸움은 배우자가 백기를 들고 항복할 때까지 계속된다. 감정이 진정되어 싸움이 끝난 뒤에도 무거운 마음의 짐은 부부에게 계속해서 영향을 미친다.

배우자 탓으로 돌리는 사람의 특징은 자신의 잘못된 행동이나 태도를 전혀 인정하지 않는 것이다. 자신의 행동을 고치는 데 사용할 에너지를 배우자를 공격하는 데 사용한다. 부부관계에서 즉각적으로 반격하거나 공격하면 두 사람의 관계는 더욱 멀어진다. 또한 항상 전투태세로 있기 때문에 늘 긴장을 하거나 극도로 예민해져 스트레스 상태에 있다. 상담 중에 어느 부부는 이런 고백을 했다.

"우리 부부는 늘 긴장 속에 살아가요. 남편이 언제 어떤 방식으로 공격을 해올지 모르기 때문이에요. 그래서 저는 항상 반격할 만반의 준비를 해놓고 있어요. 남편이 공격을 해온다 싶으면, 저는 공격받은 것을 몇 배로 되돌려줘야 직성이 풀려요."

그리고 본인 자신도 이해가 되지 않는다는 듯이 이렇게 말했다.

"내가 어쩌다가 이런 독한 사람이 되었는지 모르겠어요. 남편이나 저나 신혼 때는 이런 사람들이 아니었거든요. 정말 모르겠어요. 왜 이렇게 살고 있는지…."

아내의 말을 듣고 있던 남편도 한마디 했다.

"하루하루가 피를 말리는 전쟁이에요. 집에 돌아오면 좀 편해야 하는데 이건 더 스트레스를 받으니 말입니다. 제 잘못도 있지만 무슨 말을 하면 벌집을 건드린 것처럼 막 쏘아댑니다. 그러면 저도 이성을

● 왜 우리는 늘 다투는 걸까?

잃게 되지요. 혹 떼려다가 혹 붙이는 꼴입니다."

아내는 남편 말에 충격을 받았는지 한참을 허공을 쳐다보다가 결심한 듯 다시 말을 이어갔다.

"저도 왜 그러는지 모르겠어요. 이제는 남편이 공격한다 싶으면 잠시 이성을 잃을 정도로 있는 힘을 다해 반격해요. 남편이 화살을 쏘면 저는 총으로 쏘고, 남편이 총을 쏘면 저는 탱크로 밀어붙이는 식이죠. 한 마디로 전쟁터예요. 사실 이런 제 모습이 저도 무섭고 싫어요. 정말 이렇게 살고 싶지 않은데, 어떻게 해야 하는지 모르겠어요."

부부가 지속적으로 상처를 받거나 부부관계가 부정적인 요소에 지속적으로 노출되면, 불합리한 현실을 건강하게 극복하려는 의욕마저 꺾여 결국 자포자기하고 만다. 포기하는 순간 두 사람은 서로를 무차별적으로 공격하게 된다. 부부 사이에 문제가 발생하면 자기 자신을 먼저 살펴본 후에 사과하고 개선해보자. 알량한 자존심에 서로 기싸움을 하며 배우자 탓을 하면 갈등의 골은 더욱 깊어지기 마련이다.

둘째, 도망가거나 침묵하지 마라

문제가 발생하면 도망가거나 문제 자체를 부인해 위기 상황에서 벗어나려는 부부들이 의외로 많다. 상담을 하던 어느 부부는 이렇게 말했다.

"우리는 싸우면 전쟁터예요. 일단 피하는 것이 상책입니다. 부딪치면 싸우니까 문제가 빤히 보여도 서로 속만 태우면서 전전긍긍해요. 그냥 침묵하는 것이 편합니다. 싸우지도 않고."

침묵하고 있는 것은 공격적이지 않고 싸우지도 않아서 좋은 방법처럼 보이지만 실제로는 그렇지 않다. 언젠가는 침묵하면서 속 태우던 것이 폭발하기 때문이다. 회피하거나 침묵으로 일관하면 겉보기에는 평화롭고 아무 문제없는 것처럼 보일 뿐이지 해결해야 할 문제는 여전히 남아 있다.

부부관계에서 침묵과 회피는 결국 배우자를 관심 밖의 사람이 되게 한다. 부부 사이의 유대감과 친밀감이라는 건강한 감정을 파괴해 점점 냉혈인간으로 만들어버린다. 감정이 식어버린 두 사람은 서로 용기를 내어 상대방에게 다가가려고 하지 않고 교류하려는 노력도 하지 않는다. 한 집안에 살면서 서로 소 닭 쳐다보듯이 하는 부부들이 여기에 속한다.

서로 힘을 모아 해결할 때 문제에서 벗어날 수 있는 것이지, 피하고 침묵한다고 해서 해결되는 것이 아니다. 결국 낭떠러지와 같은 막다른 상황이 되어서야 부부가 그 문제와 마주하기 때문에 문제를 지혜롭게 해결하기란 상당한 어렵다.

셋째, 배우자는 공격 대상이 아니다

사람은 예기치 않았던 위기 상황에 빠지면 자신을 지키기 위해 본능적으로 상대방을 공격한다. 즉, 자신을 보호하고 정당화하기 위해서 방어의 목적으로 공격을 하는 것이다. 부부 사이의 갈등에서도 마찬가지 상황이 벌어진다. 부부간에 문제가 발생하면 가장 먼저 문제의 원인이 어디에 있는지 확인하는 것이 중요하다. 그러나 우리의 현실은 그렇지 않다. 문제의 원인이 배우자에게 있다고 책임을 전가하면서 그 문제에서 빠져나가려고만 한다. 생각해보자. 모든 문제의 원인이 당신에게 있으니 모두 책임지라고 할 경우 순순히 지켜보고 있을 사람이 어디에 있겠는가?

"아니 무슨 일만 생기면 저를 못 잡아먹어 미친 사람처럼 행동합니다. 분명 저도 잘못은 했지요. 그 부분에 대해서는 할 말이 없어요. 그래도 이거는 해도 해도 너무 하는 것 아닌가요?"

남편의 하소연에 아내가 기가 막히다는 듯 한마디 했다.

"너무하다니? 내가 너무한 거야? 당신이 내게 한 것은 하나도 기억 안 나지? 먼저 인신공격을 한 사람이 누군데 그래!"

"그런 당신은? 살다 보면 좀 실수할 수도 있는 것 아냐. 그런데 당신은 내가 조금만 잘못하면 죽일 듯 달려들어. 애들이 보고 있으면 좀 나중에 하든지 하면 좋은데 오히려 더 크게 일을 키우잖아. 과거에 실수 한 번 안 한 사람이 어디 있어. 과거 얘기는 이젠 지겹지도 않아. 언제까지 과거 일로 사람 괴롭힐 건데."

두 사람은 한참을 싸운 뒤, 진정된 후에야 안정을 찾은 듯 말했다.

"우리 부부가 많이 이상하지요? 이제는 서로 못 잡아먹어 으르렁대는 맹수 같아요. 작은 틈이 보이면 사정없이 공격하고 있으니 말이죠."

부부 문제는 한 사람의 잘못으로 생기는 경우가 거의 없다. 이를 잘 알고 있으면서도, 문제만 생기면 무조건 배우자 잘못이라고 공격부터 하다 보니 이런 상황까지 온 것이다. 이렇게 문제보다 사람을 먼저 공격하는 경우는, 과거의 사건과 지난 상처가 아직 해결되지 않았다는 반증이라고 볼 수 있다. 지난 사건과 상처를 되살리는 것은 적개심과 고통을 주기 때문에 서로 주의를 기울여야 한다.

모든 부부에게는 한 가지 소망이 있다. 그것은 배우자가 자신의 마음을 이해하고 진심으로 알아주는 것이다. 문제보다 사람이 먼저고 배우자는 최우선인 것이다.

부모의 언행은 자녀에게 영향을 준다

부정적인 행동은 배우자에게 아픔을 주는 것으로 끝나지 않고 자녀를 비롯한 가족 전체에게 치명적인 영향을 준다. 배우자에게 상처를 주었

● 왜 우리는 늘 다투는 걸까?

다면 가능한 빨리 해결하는 것이 현명하다. 하지만 현실에서는 그리 쉬운 일이 아니다. 배우자가 부정적인 행동을 한 이면에는 그 행동을 하게 된 원인이 당당히 버티고 있어 지혜로운 대처가 필요하다.

처음 부정적인 행동을 했을 때는 '내가 좀 과한 행동을 했구나'라고 자신의 잘못을 인정하고 사과한다. 그러나 이런 행동이 반복되면 배우자에 대한 미안한마음마저도 점점 사라진다. 자신의 행동이 옳고 정당했다는 비정상적인 논리를 펴면서, 배우자의 말이나 태도 등을 트집 잡고 더 과격한 행동을 하는 경우가 허다하다.

여기서 명심해야 할 것은 부부의 문제가 자녀에게 큰 영향을 미친다는 것이다. 건강하지 못한 부부관계의 최대 피해자는 자녀다. 부부 사이에 갈등이 일어나고 싸움으로 확대되어 화해에 이르기까지, 자녀들도 힘든 싸움의 모든 과정을 함께한다고 보면 된다. 갈등하고 있는 부모를 지켜보는 자녀들은 정서적으로 혼란스럽고 불안하다. 때로는 돌출 행동을 하거나 부모의 눈치를 보면서 감정을 억압하기 때문에 건강한 자아를 형성하기 어렵게 된다.

또한 부부 사이의 공격적인 행동은 자녀들에게 그대로 대물림된다. 이런 공격적인 행동이나 대화는 자녀의 정서적 안정과 애정에 문제를 일으킬 수 있다. 자녀가 실수를 하거나 잘못을 한 경우 부정적인 말로 비판하는 경우가 많은데 자칫 잘못하면 큰 상처로 이어진다.

그 상황을 예를 들어 좀 더 구체적으로 살펴보자. 학원에 다녀온다고 집을 나간 자녀가 친구 생일파티에 갔다. 학원 끝나는 시간에 맞춰서 집에 온 후 '학원 다녀왔어요'라고 인사한다. 이와 같은 상황이라면, 친구 생일파티에 가려고 학원을 핑계 삼아 한 행동과 부모님께 사전에 동의를 구하지 않은 것 등은 꾸짖어서 다시는 그런 일이 없도록 해야 한다. 그러나 잘못된 행동에 대한 훈육으로 끝나지 않고 "부모를 이렇게 속여. 어디서 못된 것만 배워가지고, 너만 보면 짜증나!" 등의 말로 인신공격을 하는 경우, 상황에 대한 훈육이 아닌 존재 자체를 공격한 것이 되기 때문에 마음에 큰 상처를 받는다.

만약 이렇게 행동했다면 반드시 자녀에게 정중하게 사과해야 한다. 자녀가 자신을 속였다는 것 때문에 감정이 격해져 하지 말아야 할 말을 해서 상처를 주었기 때문이다. 그러나 이것은 참고사항일 뿐 실제로 진중하게 사과하는 부모는 많지 않다.

필자는 부부들을 대상으로 '당신의 부모가 당신에게 잘못한 일에 대해서 사과한 적이 있느냐'고 질문했다. 이 질문에 '그렇다'라고 대답한 사람은 불과 몇 명에 지나지 않았다. 상황이 이렇다 보니 자신이 자녀에게 잘못했어도 '나는 너를 양육하는 부모인데, 비록 내가 잘못을 했어도 미안하다고 사과하지 않아도 돼'라는 생각을 하고 있다.

우리가 자녀들에게 잘못을 하고도 인정하지 않거나 사과하지 않으면, 자녀에게 매우 부정적인 자아상을 심어줄 수 있다. 뿐만 아니라 타인과의 관계에서 부정적 태도를 보여도 된다는 메시지를 주는 것과 같다. 자녀는 항상 부모를 모방하려는 심리가 있다. 따라서 될 수 있으면 긍정적인 영향이 자녀에게 가도록 힘쓰는 것이 무엇보다 중요하다.

　　　　　　　　　　● 왜 우리는 늘 다투는 걸까?

문제의 열쇠는
소통이다!

건강해야 할 부부들이 여전히 갈등과 대립으로 방황하고 있다. 문제의 얽힌 실타래를 풀어나가던 부부들이 힘에 겨워 이혼이라는 극단적인 선택을 하는 안타까운 일들이 많이 일어나고 있다.

부부의 갈등이 지속되면 자녀들에게 정서불안, 자존감 저하, 우울증과 같은 심리적 문제가 생길 수도 있다. 또한 대인관계의 어려움이 가중되어 집단 따돌림의 희생양이나 은둔형 외톨이가 되는 등 여러 문제가 발생할 가능성도 있다. 가정에서 일어나는 작고 사소한 문제라고 소홀히 할 수 없는 이유가 여기에 있다. 가정에서는 비록 사소하고 작은 문제로 출발하지만 사회적 문제로 확산될 수 있어, 이 문제를 소홀히 여기면 사회 전체에 큰 재앙이 될 수도 있는 것이다.

하지만 아무리 복잡한 문제라도 부부 사이에 신뢰가 회복되고 관계가 건강하면 반드시 해결할 수 있는 길이 열린다. 건강한 가족을 형성하고 친밀한 부부관계를 위해서는 소통이 무엇보다 중요하다. 부부가 서로 잘 소통하기 위해서는 최소한 다음 세 가지는 노력해야 한다.

첫째, 배우자의 말에 귀 기울여라

배우자의 말을 잘 경청하는 것은 소통의 기본인 동시에 시작이다. 많은 사람들이 대화를 하면서 어떤 말을 할지에는 고민을 하고 에너지를 쓰지만, 상대방의 말을 잘 듣는 것에는 많은 에너지를 쓰지 않는다. 부부가 의사소통을 하는 데 잘 듣는 것이 무엇보다 중요하다.

배우자의 말에 귀 기울이는 자세는 배우자를 격려하고 힘을 북돋아준다. 배우자가 내 이야기를 잘 들어주면서 격려를 아끼지 않는데 무차별적으로 공격하겠는가? 그렇지 않다. 내가 먼저 배우자를 존중해서 잘 들어주면 배우자가 감정을 앞세워 공격하는 일은 생기지 않는다.

말하는 대화가 아닌 듣는 대화를 하게 되면 상대방의 말에 집중할 수 있다. 말하기에 우선순위를 두면 상대방의 말을 충분히 듣지 않고 할 말을 준비하는 데 온 신경을 기울이게 된다. 그러고는 기다렸다는 듯이 상대방을 공격하는 말을 쏟아낸다. 만약 부부가 이런 대화를 한다면 두 사람 모두 배우자의 말이 들리지 않는다. 들었더라도 내용을 충분히 이해하지 못하기 때문에 감정적인 표현들이 나오면서 결국 갈등과 싸움으로 이어진다. 또 배우자가 말한 내용이 자신의 생각과 다를 때는 그 말을 무시하거나, 자신의 뜻을 관철시키기 위한 방안을 찾기 때문에 배우자에게 집중할 수 없게 된다.

상대방의 말에 귀 기울인다는 의미는 듣는 사람의 태도도 포함한다. 상대방이 이야기하고 있는데 딴짓을 하며 집중하지 않으면 상대방은 자신을 무시한다고 느끼기 때문에 큰 결례다. 바람직한 태도는 말하는 사람에게 약간 몸을 기울이는 자세를 취하고, 상대방의 눈을 마주 보는 것이다. 때로는 고개를 끄떡이거나 미소를 짓는 등 말하는 사람의 메시지에 따라서 적절하게 반응해주는 것도 중요하다. 이와 같은 비언어적 메시지는 말의 내용보다 상대방에게 더 많은 영향을 미친다.

둘째, 배우자를 살리는 말을 해라

말 한마디에는 사람을 살리기도 하고 죽이기도 하는 무서운 힘이 있다. 어떤 말은 듣는 사람의 마음에 행복과 기쁨과 활력을 가져다주지만, 어떤 말은 마음에 씻을 수 없는 상처를 준다.

우리는 대화하면서 은연중에 상대방에게 책임을 전가하거나 비난을 하는 경우가 있다. 이때 상대방은 공격받는 느낌을 받는다. "당신은 왜 매일 집에 늦게 들어오는 거야! 정말 짜증 나!"라고 말하면, 배우자는 감정이 자극되고 자존심이 상하게 된다. 부정적 자극은 결국 또 다른 감정에 영향을 준다. 결국 두 사람은 감정이 치달아 싸움으로 이어지기 때문에 서로의 감정을 자극하지 않는 대화법이 필요하다. 이러한 대화법을 '1인칭 대화법'이라고 하는데, 이 대화법은 말할 때 주어가 '당신(너)'이 아니라 항상 '나'로 시작한다. 2인칭 대화법은 반대로 주어가 '나'가 아니라 '당신(너)'이다.

2인칭 대화법은 상대방이 자신을 비난하는 것처럼 느껴져서 기분이 상하거나 공격적인 말투로 되받아치게 된다. 똑같은 내용의 말이라도 1인칭 대화법으로 바꾸면 상대방을 자극하거나 비난하지 않고 감정을 건드리지 않으면서 자신의 감정을 정확하게 전달할 수 있다. 또한 상황에 대한 자신의 느낌이나 감정을 상대방에게 솔직히 표현할 수 있다. 그리고 자신이 필요한 부분을 정확하게 요청한다는 장점이 있다. 예를 들어보면 다음과 같다.

> **2인칭 대화:** "당신! 정말 이럴 수 있어? 사람들 앞에서 나를 무시하는 말을 하면 어떻게 해! 속상하게."
>
> **1인칭 대화:** "나는 당신이 사람들 앞에서 나를 무시하는 말을 하니까 비참한 느낌이 들어 너무 속상했어."

● 왜 우리는 늘 다투는 걸까?

2인칭 대화: "당신은 왜 매일 집에 늦게 들어오는 거야? 정말 짜증 나!"

1인칭 대화: "나는 당신이 집에 늦게 들어오면 걱정이되고 불안해. 걱
정하지 않게 조금만 일찍 들어오면 좋겠어."

셋째, 배우자의 입장에서 말해라

배우자를 도와줄 목적으로 충고를 할 때도 주의해야 한다. 도와주려는
생각이 앞서면 배우자를 고려하지 않고 내 방식대로 도와주는 우를 범
하기 쉽다. 그 때문에 마음이 상할 수도 있다. 아무리 좋은 충고나 도
움도 상대방이 기분 좋게 받아들일 때 효과가 나타난다. 충고의 내용이
좋고 필요한 것이냐는 중요하지 않다. 가장 중요한 것은 나의 충고를
배우자가 어떻게 느끼고 받아들이느냐다. 때와 장소를 가려서 말하는
것도 중요하다. 주변에 사람들이 있을 때 말하면 자존심이 상할 수 있
기 때문에 될 수 있으면 단 둘이 있을 때 말하는 것이 좋다.

　부부관계에서 대화가 반드시 필요하고 중요하지만 항상 대화가 필요
한 것은 아니다. 경우에 따라서는 깊은 대화보다 조용히 넘어가는 것이
더 좋을 때도 있다. 과거의 상처와 관련된 주제라든지, 아니면 불편할
수 있는 내용이거나 민감한 내용은 배우자에게 동의를 구하고 서로 소
화할 수 있는 범위 내에서 대화를 해야 한다. 적절한 수위조절은 두 사
람의 대화를 더 부드럽게 해준다.

많은 부부들이 대화 도중에 수위조절이 안 되어서 서로에게 상처를 받는 경우가 많다. 마음에 준비가 되지 않은 상태에서 갑작스럽게 대화를 하다 보면 배우자에게 동의를 구하지 못하거나 상황을 제대로 파악하지 못한다. 이런 경우 기분 좋게 시작한 대화가 갈등이나 부부싸움으로 이어지고 만다.

대화는 부부가 서로 주거니 받거니 게임을 하듯 재미있고 유쾌해야 한다. 상대를 반드시 쓰러뜨리고 승리해야 하는 전쟁이 아니다. 오히려 상대를 쓰러뜨리거나 아픈 상처를 주면 그 고통은 반드시 부메랑이 되어 본인에게 돌아온다. 그러므로 배우자의 잘못이나 실수를 강하게 몰아붙이거나 심하게 가르치려고 하면 안 된다.

'나는 당신을 존중하며 소중히 여긴다'는 말 속에는 배우자를 있는 그대로의 존재로 받아들이고 인정한다는 뜻이 있다. 이처럼 대화는 기술이 아니라 서로의 존재를 확인하고 소중하게 여기는 마음이 먼저 선행되어야 한다. 배우자의 마음을 헤아려 이해하고 배려해준다면 결국 자신에게 더 큰 행복이 되어 돌아올 것이다.

대화에도
디자인이 필요해

대인관계에서 대화는 선택이 아닌 필수다. 대화가 인간관계에서 차지하는 영향력이 그만큼 큰 것이다. 같은 의미라도 상대방에게 어떻게 전달하느냐에 따라서 큰 차이를 보인다. 분명 같은 내용의 대화를 나누었음에도 기분이 좋아지고 행복을 주는 대화가 있는 반면, 말을 듣는 순간 대화하고 싶은 마음이 사라지고 오히려 공격하고 싶어지는 대화도 있다.

따라서 말을 어떤 모습으로 디자인하느냐에 따라 상대방이 받는 느낌이나 반응이 다르다는 사실을 기억하고 평소 자신의 언어 습관을 점검하는 것이 필요하다. 그렇다면 부부관계를 어렵게 하는 대화의 유형을 살펴보자.

주종관계를 만드는 명령형 대화

부부는 서로 동등한 위치에 있으면서 사랑으로 존중하는 관계다. 그러나 대화할 때 부부가 주종관계로 전락하는 경우를 많이 본다. 이는 상담 현장에서도 많이 접할 수 있다.

어느 날 중년의 여성분이 남편의 막말에 가까운 말투 때문에 상담을 요청해왔다. '부부가 서로 동등한 입장에서 존중받으며 살고 싶다. 이제 언어폭력은 지긋지긋하다'고 했다. 이 절규는 한 여성의 문제가 아니다. 많은 아내들이 호소하는 문제인 것이다.

남자가 주로 쓰는 언어는 옛 조상들이 사냥터와 전쟁터에서 주로 사용하던 것들이다. 사냥이나 전쟁에서는 모두 직설화법으로 말한다. 생명이 위협받는 긴박한 상황에서는 빠른 의사전달이 중요하기 때문이다. 또한 남자에게는 서열과 계급이 목숨처럼 중요하게 인식되었다. 그래서 남자는 투박하지만 짧고 간결하고, 긴급한 상황에서 빠르게 의미만 전달할 수 있는 언어를 사용하는 것이다.

하지만 남편의 이런 언어는 부부관계에 부정적인 영향을 미친다. 부부가 서로 대화의 장을 만들어가야 하는데, 대화 문화에 익숙하지 않은 남편들이 아내에게 명령하듯이 말한다. 따라서 배우자를 자극하게 된다. 남편이 아내에게 무엇을 부탁하는 상황에서는 명령이 아니라 요청을 해야 한다.

명령화법은 상대방의 의견이나 상황을 고려하지 않고 내 의견을 관철시키려 하는 것이다. "내가 ○○ 하라고 말했잖아!" "○○ 을 왜 안 했어! 당신, 나를 무시하는 거야?" 이런 말은 결국 배우자를 자극해서 감정싸움으로 갈 확률이 높다. "당신이 뭔데 명령이야! 내가 당신 종이야!" 이런 방식의 대화는 감정싸움으로 이어진다. 하지만 남편들은 "별것 아닌 것 가지고 시비야! 당신 성격 참 이상하네!"라면서 아내를 이해할 수 없다고만 한다.

요청화법은 내 의견도 중요하지만 배우자를 먼저 헤아려주는 것을 말한다. "당신 일도 바쁜데, 이 일 먼저 도와주면 안 될까?"라고 배우자를 충분히 배려해주고 헤아려주면서, 배우자가 어떤 행동을 할지 선택하도록 도와주어야 한다.

갈등으로 가는 분쟁형 대화

어떤 주제든지 자신의 의견이나 뜻을 관철하기 위해 상대방의 말을 무시하거나 자극하기 때문에 관계에서 갈등이 일어난다. 이러한 방식의 대화는 자신의 뜻이나 의견을 관철할 수는 있지만 그것보다 더 중요한 주변 사람을 잃게 된다는 점에 유의해야 한다.

대화는 공격하고 방어하는 전쟁이 아니다. 서로의 의견을 나누고 조율해서 더 좋은 결과를 얻기 위한 좋은 도구라는 점을 유념해야 한다. 대화를 공격으로 사용하는 사람들의 언어 습관 중 하나가 말꼬리를 잡는 것이다. 대화에서 말꼬리를 잡기 시작하면 상대방은 화나고 짜증날 수밖에 없다. 예를 들어보면 다음과 같다.

> **아내**: "요즘 피곤하네."
>
> **남편**: "피곤하다고? 왜 피곤한데?"
>
> **아내**: "봄이라서 그런지 피곤해."
>
> **남편**: "봄이면 다 피곤해지는 거야?"
>
> **아내**: "나도 잘 모르겠어."
>
> **남편**: "뭐? 모른다고! 당신이 모르면 누가 알아?"

이렇게 말꼬리를 잡으면 상대방은 어떤 말을 해야 하는지 당황하게 된다. 특히 부부간에 이런 대화가 계속될 경우 결국 서로 감정만 상할 뿐이다. 게다가 큰 갈등으로 이어지거나 대화가 단절될 수 있기 때문에 조심해야 한다.

감정을 자극하는 비난형 대화

대화를 할 때 어떤 일에 대해 잘잘못을 따지면서 판단하거나, 상대방을 비난하기도 한다. 하지만 부부간에 잘잘못을 따지면서 판단을 하면 서로에게 도움이 되지 않는다.

문제가 된 상황에서는 "참 속상하네. 나도 이렇게 속상한데 당신 마음은 오죽 하겠어"라며 배우자를 따스하게 위로해주어야 한다. 만약 "내가 그럴 줄 알았어! 당신이 하는 일이 다 그렇지, 뭐!"라며 배우자를 무시하거나 비난하는 말은 관계만 악화시킬 뿐이다. 이런 말은 그 자체만으로도 배우자에게 큰 상처를 주기 때문에 절대 하지 말아야 한다.

대화는 배우자를 이기기 위해서 사용하는 무기가 아니라 배우자를 이해하고 부부의 마음과 마음을 연결하는 사랑의 도구다. 대화를 무기로 사용해서 배우자에게 끊임없이 상처를 주고 고통을 줄 것인가? 아니면 사랑의 도구로 사용해서 배우자를 이해하고 배우자의 마음을 얻을 것인가? 어떤 것을 선택할지는 오로지 자신에게 달려 있다.

우린 눈으로
말해요

눈에는 그 사람에 대한 많은 정보가 들어 있다. 눈을 마음의 창이라고 하는 이유가 바로 여기에 있다. 우리가 첫 만남에서 인사를 나눌 때 단순히 얼굴을 보면서 인사를 하는 것 같지만 사실은 상대방의 눈을 살핀다. 눈에서 나오는 신호를 감지해서 상대를 순간적으로 파악하기 위해서다. 사람을 처음 만나는 경우 그 사람에 대한 정보가 부족한데, 눈과 얼굴은 그 사람의 정보를 대부분 담고 있기 때문에 눈빛과 얼굴을 살피는 것이다.

● 왜 우리는 늘 다투는 걸까?

그러나 우리나라 사람들은 상대의 눈을 잘 보지 않아 안타깝다. 시선의 교환에는 단순하게 예의를 갖추는 것 이상의 의미가 있다. 눈을 보는 것은 상대방에 대한 관심의 정도와 진실한마음을 나타내기 때문에 신뢰를 줄 수 있다. 또한 상대방의 눈을 부드러운 눈빛으로 바라보기만 해도 마음이 열리고 신뢰가 생겨 대화의 자리가 한결 더 유연하고 부드러워진다.

눈빛 교환이 먼저

필자는 실제로 부부상담에서 서로의 눈을 마주 보도록 하고 있다. 여기서 놀라운 사실은 서로 눈을 마주 보는 것 자체를 힘들어하거나 강하게 거부하는 부부가 많다는 것이다. 이렇게 힘들어하는 부부들에게는 배우자의 눈을 감게 한 후에 바라보면서 충분히 느끼도록 하면, 거부반응 없이 눈빛 교환을 할 수 있게 된다.

눈빛 교환에 성공한 부부들은 다음 단계로 대화를 할 때 눈을 마주 보도록 한다. 거의 모든 부부들이 이 부분을 가장 힘들어한다. 그러나 힘들고 어렵더라도 두 사람 모두 눈을 마주 보기 시작하면 그 상담은 이미 성공한 것이나 다름이 없다.

필자는 상담을 하면서 50대 초반의 어느 부부를 잊을 수가 없다. 결혼한 지 22년 된 부부였는데 상담실에 처음 왔을 때는 서로 말도 잘 하지 않는 무늬만 부부였다. 상담을 진행하면서 눈을 마주 보는 연습을 시켰다. 두 사람 모두 불평이 이만저만이 아니었다. 특히 남편의 불평은 대단했다. 장장 3회에 걸친 설득과 연습 끝에 서로의 눈을 마주 보게 되었다. 3회가 끝나갈 무렵 아내가 눈물을 터뜨렸다. 22년 만에 남편의 눈에서 '아, 남편이 나를 인정해주고 믿어주고 있구나'라는 사실을 깨달았다고 한다. 지금까지 남편이 수없이 고백하고, 믿어 달라고 외쳤지만 귀에 들어오지 않았다고 한다.

사람은 입보다 눈으로 의사소통을 더 많이 한다고 해도 결코 틀린 말이 아니다. 특히 대화 중에 상대방을 속이는 말을 할 때는 상대방의 눈을 똑바로 보지 못하는 등 시선을 회피하게 된다. 인간의 행동을 연구하는 심리학자들의 보고에 따르면 사람이 거짓말을 할 경우 상대방의 눈을 보지 못할 뿐만 아니라, 평소와는 눈을 깜박이는 횟수가 달라지고 이상한 손짓이나 몸짓을 한다고 한다. 또한 상대방에 대한 감정이 좋지 않거나 관심이 없으면 시선을 피한다고 한다.

대화를 하면서 말의 내용을 통해 얻는 정보보다는 오감을 통해 얻는 정보의 양이 더 많고 정확하다. 특히 시각은 상대방의 감정이나 느낌의 변화를 가장 예민하게 감지한다. 그러므로 대화를 할 때 상대방의 눈을 바라보면서 이야기하는 것은 건강한 대화를 나누는 필수적인 요소라고 말할 수 있다.

부드러운 눈빛과 따뜻한 말 한마디

부부는 가장 가까운 사이면서 사랑하는 관계이기 때문에 특히 서로의 눈을 마주 보며 대화하는 것이 좋다. '당신의 부드러운 눈빛과 따뜻한 말 한마디가 이 세상의 그 어떤 것보다 값집니다'라는 고백이 있어야 한다. 배우자를 관심 있게 바라보고 사랑의 열정으로 가득한 눈빛, 따뜻한 배려가 녹아 있는 눈빛을 보내보자.

훌륭한 배우는 자신의 연기에 혼신의 열정을 쏟아붓는다. 특히 눈빛 연기를 통해 자신의 진심을 관객들에게 어필해서 마음을 사로잡는다. 그런데 평생을 함께 동반자로 살아야 하는 배우자에게 부드러운 눈빛과 따뜻한 말 한마디 선물하는 것이 그렇게 어렵고 힘든 과제일까! 지금이 사랑하는 배우자에게 진심 어린 고백을 할 때다.

사실 모든 사람에게는 지금 현재가 내게 주어진 시간의 처음이자 마지막이다. 내일은 아직 오지 않은 미지의 시간이지 내 시간이 아니다. 그러므로 오늘 일을 내일로 미루지 말아야 한다. '나중에'라는 말은 무책임하다. 지금 할 수 있는 작은 것부터 시작하는 것이 중요하다.

목소리도
리모델링이 필요해

부부가 살면서 말이 잘 통하는 것처럼 중요한 것은 없다. 서로 말이 잘 통한다는 것은 두 사람이 가깝고 친밀하다는 의미다. 상대방이 하는 말을 정확하게 이해하고, 내 의견을 부담 없이 자유롭게 말하고, 서로 존중하면 대화의 즐거움은 점점 커진다. 그리고 두 사람은 결혼생활에 만족하게 된다.

  그러나 소통이 없는 부부는 대화에서 오는 즐거움 대신 관계의 단절로 인한 고통을 겪게 된다. 대화의 단절은 온갖 오해를 일으키고, 불평만 가

● 왜 우리는 늘 다투는 걸까?

중시킨다. 결혼 초기에는 대화도 잘 통하고 호흡도 척척 잘 맞았던 부부들이 대화에 어려움을 겪으면서 결혼생활 자체가 삐걱거리기도 한다.

목소리는 말을 전해주는 통로

필자에게 상담을 요청한 이제 갓 신혼을 넘긴 30대 부부의 이야기다. 결혼한 지 몇 년 되지 않았는데 관계에 금이 가고 있다면서 몹시 안타까워했다.

> 이 부부는 비교적 대화를 많이 하는 편이다. 그런데 문제는 대화를 하다 보면 목소리가 점점 커지면서 배우자를 자극하는 것이다. 머리로는 이해가 되고 상황도 이미 파악된 상태라 쉽게 해결할 수 있을 것이라고 생각했지만 결국 싸움으로 이어진다.

본의 아니게 대화 중에 목소리가 점점 커져 갈등으로 이어지는 경우가 많다. 대화에서 목소리는 말을 상대방에게 전달해주는 역할을 한다. 수원지의 물이 아무리 깨끗하고 좋아도 수도관이 녹슬어 더러우면 결국 깨끗한 물을 마실 수 없는 것과 같은 이치다.

예를 들어, 반가운 사람에게서 전화가 왔을 때 누구나 기쁜 마음으로 전화를 받는다. 그런데 전화기를 통해서 들려오는 목소리가 예전과 다르게 차갑게 느껴지는 순간, 기쁜 마음은 사라지고 긴장을 하면서 분위기는 가라앉는다.

상대방이 하는 말의 내용과 상관없이 목소리 하나에 이런 현상이 일어나는 것이다. 전달하는 내용만 보면 전혀 문제를 찾을 수 없다. 그러나 목소리가 쌀쌀맞다면 말의 내용과 상관없이 상대방은 기분이 나쁘고 불쾌할 수 있다. 목소리가 담고 있는 정보만 가지고도 배우자의 심리 상태뿐만 아니라, 몸 상태까지 파악하게 되는 것이다.

이처럼 목소리는 내가 전하고자 하는 말의 내용보다 먼저 상대방에게 전달되어 감정에 영향을 미친다. 부부들이 실제 대화에서 말의 내용 때문에 예민하게 반응한다기보다는 표현 방법 때문에 갈등이 일어나고 감정이 상하는 것을 볼 수 있다. 오늘 배우자에게 "여보, 오늘도 수고 많았어"라고 말을 한번 건네보자.

목소리는 감정의 거울

목소리는 그 사람의 감정을 그대로 보여주는 거울과 같다. 화가 나고 짜증이 올라오면 목소리도 평소보다 격앙되고 톤도 올라간다. 감정에 맞게 목소리도 긴장상태로 변하는 것이다. 반대로 목소리에 힘이 없고 톤도 평소보다 낮으면 몸이 피곤하거나 심리적으로 가라앉은 상태를 말해준다.

목소리는 연습과 교정을 통해 바꿀 수 있다. 정확히 말해 목소리 자체는 바꿀 수 없지만 상대방에 대한 배려와 애정이 담긴 목소리로 말하는 것은 충분히 할 수 있다. 부부는 생활언어를 구사하는 관계이기 때문에 격식을 갖추어 대화를 하지 않고 가장 편한 상황에서 자연스럽게 대화한다. 그렇다면 목소리도 격앙되지 않고 자연스러워야 하는데, 많은 부부들이 현실은 그렇지 않다고 말한다. 배우자의 마음이 담겨 있는 따뜻한 말과 부드러운 목소리가 거의 사라졌다고 안타까워한다.

명품 피아노도 조율을 해야 맑고 영롱한 소리를 낼 수 있듯이 사람의 목소리도 아름답게 조율하고 관리해야 맑고 좋은 소리가 난다. 목소리는 그 사람의 마음과 감정을 그대로 보여주는 거울이라는 사실을 기억하자. 또 배우자를 배려하는 마음과 배우자에 대한 애정을 잊지 말자.

대화에도
기술이 필요해

"대화요? 중요하죠! 그런데 잘 안 돼요."

"대화 잘하는 방법은 없나요?"

부부가 모이는 곳이라면 신혼에서 황혼에 이르기까지 세대를 막론하고 거의 빠지지 않고 나오는 말이다. 인간은 태어날 때부터 죽는 날까지 서로 관계를 맺으며 살아가는 사회적 존재다. 서로 의사를 전달하고 소통하는 것은 매우 중요한 문제인 것이다.

의사소통은 언어나 동작을 통해서 타인과 의견이나 정보를 교환하는 것을 의미한다. 이는 자신과 타인 사이에 언어와 비언어적인 모든 수단을 통해서 개인의 감정과 생각뿐만 아니라 사건의 사실이나 정보까지 서로 주고받는 과정이다. 따라서 부부관계에서는 결코 소홀히 해서는 안 되는 요소 중 하나다.

그런데 많은 부부들이 '뭐, 차차 잘되지 않겠어', '시간이 해결해주겠지', '연애시절에 우리 얼마나 좋았는데'라고 하면서, 가슴이 뛰던 연애시절이나 서로 관계가 좋았던 신혼생활 등 소통이 잘되었던 과거에만 머물러 있는 경우가 많다. 그래서 현재의 어려움을 대수롭지 않게 여기고 있다.

대화 단절, 불행한 결혼생활로 가는 길

미국 조지아 대학교 연구팀은 기혼자 468명을 대상으로 부부간의 의사소통에 대한 만족도를 조사했다. 그 결과 '고마워'라는 말 한마디가 행복한 결혼생활을 보장할 수 있다고 발표했다. 일상생활에서 배우자에게 자주 '고마워'라고 말한 부부는 갈등과 같은 위기 상황에 적절하게 대처할 수 있기 때문에 이혼 가능성이 낮은 반면, 평상시에 건강한 소통을 하지 않는 부부는 이혼할 확률이 훨씬 높은 것으로 나타났다고 한다. 또한 이런 건강한 대화는 크고 작은 갈등이나 부부싸움 같은 위험

인자를 줄이는 효과가 있을 뿐만 아니라 서로에게 헌신할 수 있도록 유도한다고 연구팀은 전했다. 일상생활에서 사용하는 긍정적인 말 한마디가 부부생활을 건강하게 하는 에너지가 되는 셈이다. 대화의 질과 그 내용은 부부관계의 건강을 나타내는 척도다. 따라서 대화의 단절로 정신적·물리적 피해를 볼 수 있다.

연애시절에는 잠시 떨어져 있는 것이 원망스러울 정도로 보고 싶고, 만나서 하고 싶은 말도 많아서 이야기를 하다 보면 시간 가는 줄 모른다. 헤어져 집에 간 후에도 못다 나눈 아쉬움을 휴대전화로 달랜다. 하지만 결혼 후 얼마 지나지 않아 대화의 양이 현저히 줄어든다. 뿐만 아니라 대화의 소재 또한 적어지고 그 내용이 진부해지는 것을 볼 수 있다.

대다수의 부부들이 대화가 부부생활에 어떠한 영향을 미치는지 잘 알기 때문에 대화를 잘하는 기술이나 노하우가 있다면 가르쳐 달라고 한다. 그러나 대화는 단순한 기술이나 노하우로 설명할 수 없다. 왜냐하면 대화는 진정성이 녹아 있는 '살아 있는 말'이기 때문이다.

대화가 단절된 부부가 어느 날 갑자기 '대화하며 살자'며 마음과 뜻을 모으는 것은 박수치며 환영할 일이다. 하지만 대화는 어느 날 갑자기 서로 하기로 약속했다고 해서 단숨에 할 수 있는 것이 아니다. 진정성 있는 대화를 하려면 두 사람 모두 진정성 있게 사는 것이 우선 되어야 한다. 진정성 있는 대화는 진실한 삶에서 나오기 때문이다.

대화는 행복으로 가는 통로

사람들은 말한다. '대화를 하고 싶어도 시간이 없다'고 말이다. 사람들은 시간이 없어서 대화를 못하는 것이 아니라, 대화다운 대화를 못하기 때문에 시간을 값지게 사용하지 못하는 것이다. 대화는 부부생활의 대동맥이라고 할 만큼 중요하다. 심장을 출발한 피가 혈관을 타고 몸 전체에 산소와 영양분을 공급해주는 것처럼 대화는 부부에게 행복이라는 영양분을 공급하는 통로다.

대화가 줄어들면 두 사람을 이어주는 소통의 연결고리가 끊어져 서로에 대한 정보가 고갈되거나 왜곡되기 때문에 사소한 일이나 상황에서도 갈등이 일어난다. 사실 연애시절이나 결혼 초기에 사소한 갈등이 있어도 크게 문제가 안 되는 이유는 단 하나다. 대화를 통해 '오해'를 '이해'로 바꾸기 때문이다.

대화가 되려면 먼저 누군가가 의견을 제시했을 때, 서로 의논하는 과정을 거쳐야 한다. 이 과정에서 자신의 느낌과 생각을 표현하는데, 이때 상대방을 비난하거나 공격적인 말투로 감정을 자극하게 되면 결국 대화의 장은 깨지고 만다. 의논을 잘하기 위해서는 첫째, 솔직하고 진실한 태도로 상대방을 존중해야 한다. 둘째, 사심이 없는 순수한마음이어야 한다. 상대방을 이용하려 한다든지 교묘하게 속이는 것은 금물이다. 셋째, 결론이 모아지면 적극 행동으로 옮긴다. 어려운 문제라면 더더욱 빠른 시간 안에 실행하는 것이 중요하다.

대화의 기술 3단계

1단계_ 인정하기

인정하기를 통해서 배우자 내면에 있는 소리를 들을 수 있고, 배우자가 어떤 생각을 하는지 확인할 수 있다. 인정한다는 것은 "당신은 그 상황에서 그렇게 생각할 수 있겠구나"라고 말하는 것이다. 인정하는 단계는 상대방 또한 나와는 다른 생각이나 경험을 할 수 있다는 것을 마음으로 이해하는 것을 말한다. 우리는 그동안 살아오면서 인정받았던 경험이 많지 않기 때문에 마음으로 인정해주는 것은 중요하다. 다음 문장들을 참고해 사용해보자.

> "당신의 그 말이 무슨 말인지 이해가 돼."
> "당신 말이 무슨 말인지 이제야 알 것 같아."
> "그것에 대해 나도 한번 생각해볼게."
> "당신 말이 맞는 것 같아. 내가 잘못 이해하고 있었어."
> "잘 몰라 그러는데, 자세히 한 번 더 설명해주면 좋겠어."
> "미안해. 내가 잘못 이해한 것 같아."

2단계_ 경청하기

듣는 것은 소리의 파장이 귀에 전달되는 것을 의미한다. 따라서 귀만 건강하다면 잘 들을 수 있다. 그럼에도 경청을 훈련해야 하는 이유는

● 왜 우리는 늘 다투는 걸까?

상대방의 말을 경솔하게 흘려듣는 것이 아니라 온 정신을 집중해서 들어야 하기 때문이다. 상대방의 이야기를 들으면서 다른 생각을 하면 경청할 수가 없다. 대개의 경우 상대방이 말을 하는 동안 내가 할 말을 생각한다. 이는 경청을 방해하는 태도다.

경청을 잘하는 방법으로는 상대방이 한 말을 요약해서 다시 말하기가 있다. 처음 시도할 때는 남의 옷을 입은 것처럼 이상해도, 상대방에게 상황을 설명하고 요약해서 말하다 보면 상대방이 존중받는 느낌을 받아 대화에 좋은 영향을 끼친다. 이것을 반영적 경청이라고 한다. 상대방의 말을 집중해서 듣는 데 많은 도움이 되는 방법이다.

경청은 매우 중요하기 때문에 뒤에서 한 번 더 다루도록 하겠다.

3단계_ 공감하기

공감은 상대방이 느낀 경험세계에 참여하고 들어가려는 노력이다. 듣는 사람은 말하는 사람의 이야기를 듣고 인정한 후에는, 말하는 사람이 말한 것의 이면에 있는 감정들을 이해해야 할 필요가 있다.

공감하기는 부부가 짧은 순간이라 할지라도 감정의 단계에서 진정한 만남을 경험할 수 있도록 이끈다. 그리고 이러한 경험은 엄청난 치유의 힘이 있다. 깊은 수준의 공감에 이르면 부부는 매우 극적인 변화를 보인다. 그 이유는 이와 같은 대화를 통해서 부부가 서로의 감정을 이해하는 단계까지 이르기 때문이다.

임금님 말을
듣는 것처럼 경청하자

우리 사회는 참 바쁘고 분주하게 돌아가고 있다. 온 가족이 모여 식사 한 번 제대로 하기 어려울 정도이니 말이다. 신혼부부도 예외는 아니어서 임신에 맞벌이까지 하는 상황이라면 일상은 눈코 뜰 새 없이 분주하다. 이런 상황에서 부부가 생각이나 감정을 표현하는 대화의 장을 마련하기 쉽지 않다. 그래서 삶에 꼭 필요한 대화만 할 때가 많다.

　짧은 시간 동안 효과적인 대화를 하기 위해서는 배우자의 말을 잘 듣는 것이 우선이다. 배우자의 말을 임금님의 말처럼 권위 있고 의미 있는 것으로 듣는 것이 중요하다. 이것을 '경청'이라고 한다. 경청은 단순히 잘 듣는 것만 의미하지 않는다. 집중해서 세세한 부분까지 놓치지 않고 듣는 것을 의미한다. 그래서 경청을 잘하려면 훈련이 필요하다.

훈련이 필요한 경청

훈련이라고 하면 대부분의 사람들이 경계심을 나타내며 겁부터 먹는다. 부부간에 훈련이 그것도 경청에 대한 훈련이 무슨 필요가 있느냐며 웃어넘기기도 한다. 그러나 부부 문제의 대부분이 소통의 부재에서 일어나고 있다는 사실을 설명해주면, 서서히 관심을 보이기 시작한다.

부부가 좋은 관계를 맺기 위해서는 잘 듣고 서로 원활하게 소통을 해야 한다. 사실 부부들은 원활한 소통을 하기 위해서 많은 노력을 기울이지만 수고한 만큼의 성과가 없는 것이 현실이다. 그리고 경청은 많은 부부들이 가장 힘들어하는 것 중에 하나다.

경청은 상대방이 말하는 것을 집중해서 잘 듣는 의사소통의 기본이 되는 대화기술이다. 대화 내용을 정확하게 파악할 뿐 아니라 상대방의 감정과 표정, 그리고 음성의 변화까지도 섬세하게 알아차리고 그 저변에 깔려 있는 숨은 의도까지도 감지하는 대화법이다. 상대방에 대해서 조금 더 분명하게 이해할 수 있고, 마음을 서로 나누면서 친밀한 관계를 맺을 수 있다. 상대방의 말을 잘 듣는 것은 그 사람을 존중하는 마음이 담겨 있기 때문이다. 이런 마음의 표현은 나 자신을 사랑하듯이 상대방을 이해하고 마음으로 공감하겠다는 사랑과 의지가 담겨 있다. 사실 배우자를 이해하고 마음으로 공감하기 위해서는 내 욕구를 잠시 내려놓겠다는 이타적인 사랑이 없으면 불가능하다.

경청을 하면 좋은 점

하지만 요즘 부부관계에서 상대방을 존중하면서 배우자의 말을 잘 들어주는 것은 결코 쉽지 않다. 주변의 많은 장애물이 두 사람의 관계를 위협하고 있어서 이것을 지혜롭게 극복하지 않으면 안 되기 때문이다. 주변 환경의 문제만 있는 것이 아니다. 더 큰 장애가 될 수 있는 내면의 문제가 있다. 내면의 문제는 워낙 다양하고 복잡하기 때문에 한 번 엉키면 풀기 어렵다. 이런 점 때문에 나보다는 배우자를 마음으로 이해하고 공감하겠다는 이타적인 마음을 놓아서는 안 된다.

배우자가 자신의 감정을 표현하면서 다가올 때, 무엇보다 중요한 것은 진지한 태도로 경청을 하는 것이다. 이와 같은 부부관계에 중요한 역할을 하는 경청의 유익을 살펴보면 다음과 같다.

첫째, 상대방을 이해하게 된다
사람들은 누구나 이해받기를 원한다. 사랑과 인정을 받고 싶어 하는 것은 인간의 가장 근본적인 욕구지만, 이해한다는 것은 결코 쉽지 않다.

연애시절처럼만 상대방을 이해하려고 노력한다면 결코 어려운 것만은 아님에도 신혼을 갓 넘은 젊은 부부들이 '이해하려고 해도 자꾸 오해만 생긴다'며 한결같이 하소연한다. 상대방의 말을 들을 때 자기 경험과 시각에서 해석하기 때문에 오해가 생긴다. 관계가 깨지기도 하는데 이것은 대부분 경청하는 훈련이 제대로 되어 있지 않기 때문이다. 어떤 사람은 상대방을 이해하기 위해서 듣는 것이 아니라 자기 말을 더 잘 전달하기 위해서 듣는다.

그러나 진정한 경청은 상대방의 패러다임에서 듣는 것이다. 상대방의 입장에서 경청을 한다면 말하는 사람의 마음과 생각과 행동을 이해할 수 있다.

둘째, 신뢰를 얻게 된다

진지한 경청은 상대방에게 사랑을 느끼게 하고 자신의 말을 들어준 것에 대한 고마움을 가슴에 새기게 한다. 부부가 서로의 말을 잘 들어주기만 해도 배우자의 마음을 얻을 수 있고 서로 신뢰할 수 있는 기회가 되며 사랑을 표현할 수 있는 가장 좋은 방법을 갖게 되는 것이다.

부부관계에서 신뢰는 첫 걸음과 같다. '천리 길도 한 걸음부터'라는 속담이 말해주듯이 처음 한 걸음이 무엇보다 중요하다. 경청은 신혼생활을 할 때 두 사람이 가장 많은 시간과 에너지를 투자해야 할 부분이기도 하다.

셋째, 삶을 치료한다

다른 사람의 이야기를 들을 때 가르치려 들거나 비난하지 않고 있는 그대로 진지하게 들어주는 것만으로도 상대방의 아픔이 치유될 수 있다. 잘 들어주는 것이 치유의 핵심이다. 사람은 인격적으로 존중을 받으면, 자신의 존재를 찾기 시작하면서 스스로 치료하고 회복할 수 있는 것이다. 배우자가 자신을 진심으로 이해하고 있다고 생각하면 '나 자신이 소중하고 사랑받을 만한 가치 있는 사람'이라고 느껴 마음의 상처가 치유된다.

진정한 경청이란?

사람의 행동은 언어적 메시지와 비언어적 메시지로 다 이해하거나 모두 헤아려 알 수 있는 것이 아니다. 그러나 상대방의 말을 깊이 경청하다 보면 상대방이 어떤 마음인지 알 수 있다. 진정한 경청에는 마음을 다해 상대방의 말과 감정을 수용하려는 각오와 태도가 필요한 것이다. 이러한 진정한 경청은 다음과 같다.

첫째, 상대방에게 관심을 집중하는 것이다

진정한 경청은 듣는 사람이 동작을 잠깐 중단하고 말하는 사람에게 모든 관심을 집중하면서, 말하는 사람의 말을 끝까지 따라가며 온전히 그 사람만 주목하는 것이다. 이렇게 집중하다 보면 상대방이 전달하고자 하는 내용을 정확하게 들을 수 있다.

둘째, 상대방의 감정을 수용하는 것이다

진정한 경청은 상대방이 하는 말을 있는 그대로 받아들일 뿐만 아니라, 비언어적 표현 속에 감추어진 감정이나 숨은 뜻과 의도를 파악하는 것이다. 경청에는 언어를 꿰뚫어 보고, 비언어 속에 감추어진 보화를 발견하는 신비한 힘이 있다.

셋째, 배우자를 사랑하는 태도다

진지한 자세와 시선은 '나는 지금 당신을 존중하고 있습니다'라고 무언의 메시지를 보낸다. 이는 말하는 사람에게 따뜻한 사랑을 느끼게 하며 자신의 마음을 쉽게 열 수 있게 한다. 사람의 마음은 열기 어렵기 때문에 배우자를 사랑하는 자세로 다가가야 한다. 대화에서는 서로 마음을 열고 마음과 마음이 만나는 것이 중요하다.

편안하고 안정된 태도로 대화에 임하면 상대방도 편안하고 안정된 마음으로 대화에 참여할 수 있다. 이런 태도는 결과적으로 건강한 대화를 할 수 있게 하고, 분위기 또한 자연스럽게 한다. 상대방을 본인의 뜻대로 지도하려 하거나 통제하려 하면 대화에 실패한다. 이는 열린 대화의 문을 다시 굳게 닫는 일이니, 이런 일이 없도록 세심하게 주의해야 한다.

배우자를
배려하는 마음

인간관계의 중요한 원칙 중 하나가 상대방에게 '당신은 나에게 중요한 사람입니다'라는 느낌이 들도록 하는 것이다. 부부관계에서도 마찬가지다. 부부관계의 중요한 원칙 또한 '당신이 소중한 것처럼 나를 소중하게 여겨주니 고마워요'라고 생각하는 것이다. 이것은 배우자를 있는 그대로 존중할 때 나오는 마음이다. 배우자가 원하는 것을 기쁜 마음으로 주려는 배려가 자리 잡고 있는 것이다.

● 왜 우리는 늘 다투는 걸까?

사랑에 눈이 멀어 결혼하다

약혼한 예비부부들이나 신혼부부들은 상대방의 긍정적인 면만 보려는 경향이 있다. 우리는 이 현상을 '사랑에 눈이 멀었다'고 표현한다. 이 시기에는 대개 배우자의 부정적인 면을 대수롭지 않게 여기거나 간과하려고 한다. 그렇지 않겠는가? 결혼은 일생일대 가장 중요한 순간이기 때문에 어느 누구나 신중에 신중을 기해서 결정을 한다. 그 마지막 결정이 곧 결혼인 것이다. 그렇게 내 모든 에너지를 쏟은 배우자이기 때문에 긍정적으로 보아서 마음의 위안을 삼는다.

그러나 이런 현상은 오래가지 않는다. 시간이 지나면서 상대방의 부정적인 모습이 하나 둘 눈에 들어오기 때문이다. 이때 많은 부부들이 배우자에게 '깎아내리는 말'을 듣거나 '인격을 모독하는 말'을 듣는다고 한다. 이로 인해서 마음에 깊은 상처를 입는다.

사람은 자신이 관심 있는 것에 초점을 맞추어서 보려는 경향이 있다. 이는 부부관계에서도 동일하게 나타난다. 부정적인 면에 초점을 맞추고 있으면 아무리 배우자가 훌륭하고 잘해도 심각한 갈등이 반복해서 일어난다. 반대로 긍정적인 면을 바라보게 되면 문제가 발생해도 유연하게 대처할 수 있게 된다.

수천 쌍의 부부들을 연구한 존 고트먼 박사에 따르면, 행복한 부부들은 부정적인 상호작용과 표현방식보다 긍정적인 상호작용과 표현방식을 5배나 더 많이 사용하는 것으로 나타났다고 한다. 우리나라도 이와 비슷하다. 결혼 2~3년차가 되면 신혼 때보다 부부 갈등이 심해진다. 이는 긍정적인 면보다는 부정적인 면에 초점을 더 맞추게 되었기 때문이다. 연애시기와 신혼시기에 상대방의 단점이나 부정적인 면이 없었던 것은 절대 아니다. 부정적인 면이 있었어도 두 사람은 이미 사랑의 콩깍지가 씐 상황이라 심각한 문제로 가지 않았던 것이다.

가까운 사이일수록 배려가 더 필요하다

결혼 후 시간이 지나면서 견고하던 두 사람 사이에 작은 틈이 보이기 시작한다. 면역력이 떨어지면 쉽게 병에 걸릴 수 있듯이, 두 사람 사이에 견고하던 방어 시스템이 약해지면서 사소한 일과 말에도 상처를 받는다. 또 자주 갈등으로 이어져 부부싸움을 하게 된다.

마음의 상처는 가까운 사람이나 사랑하는 사람에게 더 많이 받는다. 어쩌다 오고 가다 만난 사이는 갈등이 일어났다 하더라도 그냥 무시해버리면 된다. 하지만 상처를 주는 사람이 가족이나 배우자라면 상황은 완전히 달라진다. 쉽게 무시해버리거나 가볍게 치부할 수 없다. 왜냐하면 한 집에서 얼굴을 맞대고 매일같이 함께 살아야 하는 관계이기 때문이다.

어느 가정법원 앞에서 평소 알고 지내던 변호사와 대화를 나눌 기회가 있었다. 그 변호사는 "모르는 남은 대개 합의가 잘되고 서로 좋게 끝납니다. 그러나 형제간의 재산 다툼으로 인한 분쟁이나 이혼 소송은 합의가 안 되는 경우가 많습니다. 대법원까지 가면서 서로 피 터지게 싸우다가 판결이 나온 후에는 원수로 살아 갑니다"라고 말했다.

이처럼 가까운 사이일수록 상처의 그림자가 짙게 드리우는 이유는, 상대방을 믿었기 때문이다. '나는 당신을 정말 믿었는데, 믿었던 당신이 나에게 이렇게 할 줄은 몰랐다'는 서운한마음이 들기 때문이다. 이 서운한마음은 결국 배신감으로 이어진다. 그래서 가까운 관계일수록, 사랑하는 사람이라면 더 더욱 상대방의 아킬레스건을 건드리지 않도록 세심하게 주의해야 한다.

순수한 마음의 배려

그렇다면 두 사람 사이의 틈을 메워주고 견고하게 세우는 것은 무엇일까? 바로 '배려'다. 배려는 '상대방이 원하고 좋아하는 것을 대가를 바라지 않는 순수한마음으로 해주는 것'을 말한다. 배우자에게 진심 어린 배려를 받으면 '나를 소중하게 여겨준다'는 마음이 들면서 자존감이 올라가는 것이다.

신혼 때에는 상대방이 원하는 것은 물론이고 원하지 않는 것까지 세심하게 챙기기 때문에 배려라는 말이 필요 없을 정도다. 그러나 시간이 흐르면 부부 사이에 보이지 않는 틈이 생긴다. 배려하며 서로 보듬기보다는 자신의 욕구를 채우려는 마음이 생겨 서로 삐걱거리게 된다. 사실 우리 마음에 있는 욕구는 채우고 또 채워도 만족을 모르는 밑 빠진 독이라 할 수 있다. 이런 욕구가 신혼 때에 두 사람에게 나타나지 않는 이유는 서로에 대한 사랑이 더 크게 작용했기 때문이다.

이 세상에서 가장 어려운 일 중에 하나가 '사람의 마음을 얻는 것'이다. 사람이 상대방의 마음을 얻으려면 상대방이 원하는 것을 먼저 베풀어줘야 한다. 먼저 마음을 헤아려주고 작은 관심을 먼저 보일 때 상대방의 마음은 움직인다. 반대로 상대방의 마음을 채워주기보다는 내 마음을 먼저 채우려고 힘쓰면, 채울 수도 없을 뿐만 아니라 상대방의 마음도 얻지 못한다. 지혜로운 사람은 상대방이 더 돋보여 좋은 사람이 되도록 한다. 나도 멋진 배우자가 되는 데 힘을 기울여야 되겠지만 그보다 더 중요한 것은 나로 인해 배우자가 더 잘되도록 돕는 것이다.

배려하는 마음

부부가 대화를 나눌 때도 배려하는 마음이 필요하다. 바로 배우자가 충분히 자기 의견이나 감정을 표현할 수 있도록 기다려주는 마음이다. 자신의 생각이나 감정을 표현하면 자신을 있는 그대로 배우자에게 숨김없이 내 보이게 되어 관계가 투명해진다. 그러나 표현하지 않으면 상대방이 나를 어떻게 생각하는지 모른다. 이에 대한 두려움 때문에 자신의 부족함을 감추기에 급급하게 된다. 이런 상황에서는 서로 마음을 알 수 있는 깊은 대화가 어렵다.

대화가 어려워질 때 부부가 쉽게 빠지는 함정이 있다. 이 함정에 빠진 부부들은 이렇게 말한다.

"대화요? 우리는 서로 너무 잘 알죠. 그래서 말 안 해도 알아요."

"저런 행동을 하는 것을 보면 뻔해요. 뭐."

"늘 함께 살다 보면 상대방이 무슨 생각을 하는지 알 수 있죠."

배우자에게 묻거나 확인도 하지 않은 채 자기 마음대로 추측하는 것은 위험하다. 가깝고 잘 아는 사이일수록 본인에게 직접 물어보거나 확인도 하지 않는 경우를 종종 볼 수 있다. 결국 두 사람 사이에 깊은 오해가 생기고, 관계가 틀어지는 결과를 초래할 수 있어 주의해야 한다.

비록 힘들어도 배우자를 존중하고 배려하는 마음을
가져야 한다. 그래야 갈등과 다툼이 있어도 감정의 홍
수에 빠져 결혼생활이 악화되는 일을 막을 수 있다.

5부

감정,
현명하게 표현하자

감정의 바다에서
유능한 선장이 되자

우리의 몸은 외부에서 오는 자극에 대해 민감하게 반응한다. 오감을 통해 얻은 정보나 자극은 뇌가 처리하게 되는데, 이때 마음에서 일어나는 느낌이나 기분을 감정이라고 한다. 감정은 나의 일상에서 벌어지는 일이나 사건에 대해 가장 정확한 정보를 가지고 있기 때문에 '감정을 제대로 안다는 것은 내 마음을 안다는 것'을 의미한다.

● 왜 우리는 늘 다투는 걸까?

감정은 마음의 거울

우리 몸은 오감이라는 촉수로 들어온 정보를 마음이라는 시스템을 통해 구분한 후에 감정이라는 창구를 이용해 표현한다. 같은 사건, 동일한 상황이라고 하더라도 사람마다 각각 다른 오감으로 정보를 얻고 다른 시스템으로 처리한다. 그 때문에 감정이 각각 다르게 나온다. 이런 감정이 하루에도 수만 가지 모양으로 각각 다르게 나타나는데, 부부관계는 정서적인 안정과 친밀감을 동시에 이루어야 하기 때문에 신중하게 접근해야 한다.

우리는 인생을 바다를 항해하는 것에 비유한다. 여기서 바다를 감정이라고 해도 틀리지 않을 만큼 감정은 우리 삶에서 중요한 부분을 차지한다. 문제는 바다에서 몰아치는 파도처럼 감정 또한 쉬지 않고 몰아친다는 것이다. 때로는 비바람을 동반하기도 하고 예기치 않은 이변과 폭풍우를 가지고 오기도 한다. 유능한 선장은 이러한 거친 파도가 몰아치는 위기 상황에서 진가를 발휘한다. 관계가 좋은 부부는 휘몰아치는 감정의 파도를 잘 관리하고 조절해 행복하고 건강한 삶을 이룬다.

감정은 내 마음을 그대로 보여주는 거울이다. 내 안에서 일어나는 감정은 모두 나 자신에 대한 것이기 때문에 선과 악, 좋은 것과 나쁜 것으로 구분해 차별할 수 없다. 내 안에서 사랑이나 미움이 일어나는 것은 내가 느끼는 감정이 더 크게 작용한 것이다. 때문에 상대방에게 영향을 받은 것은 맞지만 오로지 상대방 때문에 생긴 감정은 아니다.

상대의 감정에 끌려다녀서는 안 된다

감정은 마음의 통로로 상대방의 세계로 들어가도록 안내하는 중요한 관문이다. 관문이 가로막히면 교류가 일어나지 않기 때문에 상대방에 대한 정보를 얻을 수 없다. 그래서 상대방이 무슨 생각을 하고 어떤 마음으로 일을 계획하고 있는지 제대로 알 수 없다. 하지만 원활한 감정의 교류가 중요하다고 해서 상대방의 감정에 따라 이리저리 끌려다녀서는 안 된다. 아무리 사랑하는 부부라 할지라도 서로의 감정이 분리되지 않으면 부정적인 영향을 주는 일이 생기기 때문이다. 부부는 한 몸처럼 움직이기 때문에 배우자의 감정에 영향을 받기가 매우 쉽다.

만약 남편의 기분이 우울하다면, 그것은 남편의 감정일 뿐 나와는 상관이 없다고 과감하게 선을 긋고 영향을 받지 말아야 한다. 하지만 실제 그렇게 하기가 어렵다. 아무 이유도 모르는 상황에서 남편이 화를 낸다고 하면 그것은 남편의 감정이지 나와는 상관이 없는 일이라고 딱 잘라 말할 수 있겠느냐는 것이다. 말이 쉽지 실제 삶에서 이렇게 하기란 정말 쉽지 않다.

부부관계는 워낙 친하다 보니 자신이 느끼는 감정을 배우자도 함께 느꼈으면 하는 마음이 들 때가 많다. 긍정적인 감정은 함께 느끼는 것도 좋지만, 부정적인 감정은 배우자의 탓으로 돌리는 경우가 있어 주의해야 한다.

내 감정은 내가 책임져야 한다

어떤 감정이든 자신에게서 일어난 것이라면 스스로 인정하고 책임지는 자세가 중요하다. 자신의 감정을 숨기거나, 내 감정을 해결하기 위해서 배우자를 이용하거나 탓하는 것은 책임 회피인 동시에 상대방을 공격하는 비인격적인 행위다. 이런 현상은 우리가 평상시 사용하는 말 속에도 들어 있다.

"당신은 왜, 항상 짜증이야!"
"당신은 왜 자기 생각만 해!"

위에 있는 말 속에는 감정의 원인이 자기 자신이 아닌 배우자에게 있다는 의미가 있다. 이런 말을 하면서 이런 감정이 생긴 이유가 배우자 때문이라고 한다. 이렇게 되면 감정이 일어난 원인은 찾을 수 없다. 또한 문제를 해결하려고 하면 할수록 상대방을 공격하는 잘못을 범하고 만다. 하지만 자신의 감정을 찾아서 받아들이면 대화 자체가 달라진다.

"당신이 짜증을 내니까 내 기분도 안 좋아. 나는 당신에게 존중받고 싶어."
"당신은 자기만 위하는 것처럼 보여. 나에게도 관심을 좀 더 보여주면 좋겠어."

이 말처럼 자신의 감정을 있는 그대로 배우자에게 표현하고 자신의 의도를 정확하게 말하는 것이 중요하다. 또한 자신의 감정과 의도를 구체적으로 표현해야 서로 무엇을 원하는지 정확하게 알 수 있다.

모든 감정은 나에게서 만들어지고 있음을 인정하고, 지금 일어나고 있는 감정이 나에게 무엇을 의미하는지 정확하게 파악해야 한다. 이를 위해서 적절한 질문을 통해 현재의 상황을 정확하게 파악하는 방법을 알아보자.

- 화가 난 자신을 솔직히 받아들이고 인정한다.
- 정황도 파악하지 않은 채 배우자 탓으로 돌리지 않는다.
- 현재의 감정이 과거의 어떤 상황과 연관되어 있는지 확인한다.
- 배우자에게 과도하게 기대를 했기 때문에 일어난 감정은 아닌지 확인한다.
- 감정 때문에 배우자를 자극하는 말이나 행동을 하고 있지는 않은지 살핀다.

척박한 황무지에서는 풀 한 포기 자라기가 어렵다. 이곳을 식물이 자라는 기름진 땅으로 만들기 위해서는 갈아엎고, 물을 주는 수고를 해야 한다. 부부관계도 이와 같다. 서로 소통을 잘하기 위해서는 많은 노력을 해야 한다.

• 왜 우리는 늘 다투는 걸까?

애정 표현,
부부의 행복 에너지

부부관계가 좋고 행복한지, 아니면 서로 불편하고 불행한지를 체크하는 방법 중 하나가 친밀감(애정 표현)이다. 부부들에게 "두 사람 관계에서 어떤 것이 개선되었으면 좋겠나요?"라고 질문하면 '친밀감'이라고 대답하는 부부들이 많다. 또한 상담 중에 있는 부부들에게 '지금의 부부관계를 회복하는 데 필요한 요소가 무엇이라고 생각하는가요?'라고 물었을 때에도 빈번하게 친밀감이라고 답하는 것을 보면, 친밀감은 부부관계를 건강하게 하는 비타민이 분명해 보인다.

남녀는 다른 방법으로 친밀감을 느낀다

그러나 친밀감이 무엇이라고 생각하는지 구체적으로 질문하면 대답하기 어려워한다. 부부관계를 건강하게 하기 위해 필요하지만 자세히 설명하기는 쉽지 않다. 친밀감은 내가 상대방에게 느끼는 감정이기 때문에 수많은 감정만큼이나 다양한 답이 나올 수밖에 없다.

대개의 경우 남성은 신체적 접촉을 친밀감의 핵심 요소로 본다. 특히 성적인 접촉으로 인한 친밀감을 중요하게 여긴다. 어느 남편은 "아내의 몸을 가볍게 터치하면 기분이 좋아져요. 사랑을 나누는 것처럼 가깝다는 느낌이 들어 자주 합니다"라고 고백했다.

남성들이 가벼운 포옹이나 애정 어린 손길로 어루만지는 신체적 접촉을 친밀감을 표현하는 도구로 삼기 때문에 오해를 받는 경우가 적지 않다. 신체적 접촉을 배우자에게 성관계를 요구할 때만 잠시 잠깐 사용하고 마는, 일회용으로 취급하는 경우가 그렇다. 반면에 여성은 배우자에게 존중받는 느낌이나 언어적 표현처럼 인정받고 사랑받는 정서적 접촉을 중요하게 여긴다.

부부특강에서 남편과 아내들이 이 문제로 설전이 오갔던 적이 있다.

아내: "갑자기 키스를 한다든지 몸을 더듬으면 별로 기분이 좋지 않아요. 평소와 달리 자기가 원하는 행동을 할 때만 부드럽게 대해주면, '저 사람이 정말 나를 사랑해서 애정표현을 하는 것일

까?' 하는 의구심이 들어요."

남편: "남자들이 좀 무뚝뚝하잖아요. 평소에 못해주다가 마음먹고 다가서면 색안경 쓰고 봅니다. 섹스하고 싶어 그런다는 둥, 켕기는 게 있어 그런다는 둥, 좀 순수하게 받아주면 안 됩니까?"

이런 차이는 상황에 대해 관점이 달라서 오는 자연스러운 현상이다. 이 상황이 부부싸움으로까지 번지는 이유는 배우자를 그런 사람이라고 단정 짓기 때문이다.

친밀감의 여러 유형

부부가 친밀해지기 위해서는 먼저 배우자가 무엇을 해줄 때 기분이 좋아지고, 마음이 상하는지 서로 이야기해야 한다. 서로 생각과 의견을 조율하고 마음으로 나누지 않는다면, 좋은 마음에서 시작한 일이 오히려 갈등을 일으킬 수 있다. 두 사람이 한마음과 한뜻으로 친밀감을 향해 간다고 하더라도 장애물은 곳곳에서 나타난다. 때로는 왜곡된 신념이 가로막을 수 있고, 대화의 패턴과 삶의 방식이 방해할 수 있다.

친밀감은 원가족 안에서 형성되고 배우고 체험한 것을 그대로 한다는 점에서 중요하다. 양육자에게서 배우고 경험한 것이 현재 부부의 친밀감에 영향을 미치고 있다. 그리고 지금 부부의 친밀감은 결국 자녀들에게 그대로 대물림될 것이다. 따라서 소중하게 관리해야 한다.

친밀감에는 여러 유형이 있는데 살펴보면 다음과 같다.

첫째, 신체적 친밀감

서로 피부를 접촉해서 애정을 표현하는 것으로, 스킨십이라고 한다. 가벼운 포옹이나 어깨에 손을 올리면서 격려나 위로의 말을 전하기도 하고 기쁨을 함께 나누기도 한다. 특히 침실에서는 맨살이 많이 닿을 수 있도록 가벼운 잠옷을 입는 것이 좋다. 맨살에 하는 터치는 친밀감을 높일 뿐만 아니라 애정 지수를 높이는 데 큰 도움이 된다.

둘째, 정서적 친밀감

이것은 묘사하기 어렵고 모호하다. 배우자와 물리적인 행동이나 외적인 사건에서 영향을 받기보다는 혼자 마음으로 느낀다. 마음과 마음이 통하는 것이 무엇보다 중요한데 대개는 여성들이 많이 느낀다.

셋째, 성적 친밀함

성적인 화학작용을 통해서 친밀감을 느끼는 것을 말한다. 두 사람이 서로 마음을 열고 존중한다면 다른 그 어떤 것보다 부부를 가깝게 만들어준다. 그러나 욕구만 채우려하거나 배우자를 성적 도구로 이용하려는 태도를 보인다면 이것처럼 배우자에게 상처를 주는 것 또한 없다.

● 왜 우리는 늘 다투는 걸까?

넷째, 취미활동을 통한 친밀감

요즘 맞벌이 부부가 많아졌다. 평소에는 부부가 함께하는 시간이 부족하기 때문에 정기적으로 취미를 비롯한 여가활동을 통해 친밀감을 형성하는 것이 좋다. 함께할 수 있는 취미나 스포츠, 각종 동호회 참가는 대인관계를 원활하게 할 뿐만 아니라 부부관계도 돈독하게 해준다.

다섯째, 대화를 통한 친밀감

하루가 다르게 급변하는 현대사회에서 바쁘게 살아가다 보니 부부가 서로 마음을 터놓거나 격려하며 힘을 북돋워주는 대화가 점점 줄어들고 있다. 자녀를 키우면서 일어나는 일상의 문제들을 이야기하거나, 자연이나 사물을 보며 느낀 것에 대한 대화는 두 사람을 깊이 연결해준다. 이런 대화에서는 자신이 느낀 것을 배우자에게 표현할 수 있다. 그러나 우리나라에서는 문화적인 차이 때문인지 적용하기 쉽지 않다.

친밀감은 건강한 부부생활을 영위하는 데 필수 요소라는 생각을 갖고 적극적으로 노력해야 한다. 서로 가슴을 열고 마음을 터놓을 수 있는 기회를 의도적으로 만들지 않으면 친밀감은 전혀 생기지 않는다. 일주일 중에 부부가 함께할 수 있는 시간과 장소를 정해서 예약을 미리 해두고, 그 누구도 방해하지 않도록 하는 것도 한 방법이다. 부부의 친밀감은 하루아침에 이루어지지 않는다. 친밀감을 우선순위에 두고 서로 독려하며 응원하는 노력이 무엇보다 중요하다.

감정의 홍수에
빠지지 마라

사실 부부처럼 신비스러운 관계도 없다. 생전 모르던 두 사람이 사랑한
다는 이유 하나만으로 만나 함께 평생을 살아가기 때문이다. 이런 의미
에서 사랑의 힘은 실로 위대하다. 서로 다른 인생을 살던 두 사람을 묶
어 평생토록 하나 되게 하는 힘이 있으니 말이다.

　그러나 이처럼 위대한 부부의 사랑을 한순간에 무너뜨리는 것이 있
다. 바로 '감정의 홍수'다. 감정은 마음에서 일어나는 생각이나 느낌이
라고 앞에서 언급했다. 그런데 이 감정은 한 자리에 머물러 있으려고

　　　　　　　　　● 왜 우리는 늘 다투는 걸까?

하지 않는다. 시시각각 변하면서 사람에게 영향을 주기 때문에 종잡을
수 없다.

감정이 바뀌면 모든 것이 바뀐다

"우리 부부요? 예. 행복합니다. 결혼하기를 참 잘했다는 생각이 듭니
다."
"정말이지 답답해 미치겠어요. 무슨 말을 해야 알지요. 남편이 아니
고 웬수예요."

위 두 문장은 서로 다른 내용을 담고 있고, 의미하는 바도 서로 다르
다. 그런데 한 사람이 한 말이라면 믿어지는가? 이 내용은 부부세미나
에서 어느 아내가 실제로 말한 것이다. 당사자인 남편이 한순간에 바뀐
것도 아니고 문제 상황이 개선된 것도 아닌데, 어떻게 이렇게 상반된
고백을 할 수 있을까? 이것은 바로 감정 때문에 그렇다. 내가 남편에게
받은 느낌과 여러 상황에서 한 수많은 생각이 전혀 다른 말을 만들어낼
뿐만 아니라, 같은 사람임에도 전혀 다른 사람처럼 설명하게 한다. 이
모든 일을 감정이 하고 있다.
　인간관계는 감정에 따라서 영향을 많이 받는다. 사람 사이는 특히
변화무쌍하다. 게다가 갈등이 없는 완벽한 관계란 존재하지 않는다.

갈등이 없는 인간관계는 관계가 먼 사람이거나 관계가 완전히 끊어진 사이 외에는 없다.

부부관계도 이와 같다. 부부는 같은 공간에서 살아가기 때문에 갈등이 있을 수밖에 없다. 서로에게 관심과 사랑이 있기 때문에 갈등하게 되는 것이다. 더 많이 사랑하기 때문에, 더 많은 기대와 관심이 있기 때문에 본의 아니게 갈등이 일어나기도 한다. 그래서 부부관계에서는 갈등을 모두 부정적으로 보지 않는다. 갈등이 발생했더라도 원인을 알고 지혜롭게 대처하기만 하면 오히려 부부관계에 긍정적인 효과를 가져다주기 때문이다.

감정 홍수 주의보

배우자와 갈등이 일어났을 때 당황하지 말고 우선 냉철하게 파악하는 것이 중요하다. 갈등이 이성적으로 풀 수 있는 문제인지, 아니면 감정 때문에 생긴 문제인지 파악해야 한다.

이성적으로 풀 수 있는 문제라면 확실한 근거와 정보를 가지고 논리적으로 설명해야 오해가 생기지 않는다. 아무런 정보도 없이 감정만을 앞세우면 오히려 일이 더 커져 관계가 더 악화된다. 시간이 조금 더 걸리더라도 문제를 풀 수 있는 확실한 대안을 찾아서 배우자를 설득하는 것이 좋다.

● 왜 우리는 늘 다투는 걸까?

그러나 부부에게 감정적인 문제가 발생하면 상황은 복잡해진다. 감정적인 문제는 조심스럽게 접근해야 한다. 감정이 격해지면 배우자가 아무리 좋은 말을 하고 설득력이 있어도 큰 싸움으로 번질 수 있다. 감정이 격해지면 배우자의 선한 의도마저 자신을 공격하는 것으로 받아들일 수 있는 것이다.

생각해보자. 상한 감정과 억울한 감정이 서로 부딪칠 때 어떤 상황이 되겠는가? 결국 남는 것은 상처뿐이다. 배우자가 감정적으로 나올 때는 이성적인 설명이 전혀 통하지 않는다. 감정이 홍수를 이루어 이성적으로 판단하는 기능을 마비시켰기 때문이다. 평소에 감정을 잘 조절해주고 상황을 판단해주는 이성이 순간적으로 마비된다면, 완전 다른 사람이 된다. 이렇게 이성이 마비되어 전혀 다른 사람이 되는 현상을 '감정의 홍수 상태'라고 한다.

이렇게 감정의 홍수에 빠졌을 때는, 당황하거나 조급하게 해결하려고 하면 일을 그르치게 된다. 이런 상황이라면 우선 배우자의 감정을 살피고, 현재 일어난 감정이 누그러질 때까지 조금 기다리는 것이 중요하다. 조금 시간이 지난 후에 배우자가 어떤 문제 때문에 감정이 일어났고, 그 감정이 홍수를 이루고 있는지 파악해야 된다.

대부분 자신의 인격에 손상을 입었거나 자존심에 상처를 받았다고 느끼면 감정이 홍수를 이루는 경우가 많다. 만약 이런 상황이라면 이유 여하를 막론하고 배우자에게 정중하게 사과해야 한다. 적지 않은 부부들이 배우자의 인격이나 자존심에 상처를 입히고 배우자의 감정이 상한 것을 알고 있으면서도 사과하지 않고 이런저런 핑계를 대면서 그냥 넘어간다. 이렇게 되면 당장은 해결된 듯 보이지만 실상은 그렇지 않다. 상처를 받은 사람은 겉으로 표현을 하지 않을 뿐이지, 상대방이 마음으로 사과하지 않으면 감정이 마음 한구석에 그대로 쌓인다. 쌓인 감정은 치명적인 악성 종양으로 바뀌어 즐겁고 행복했던 추억까지 모두 퇴색시킨다.

감정을 푸는 기술, 대화

부부는 언제나 함께 살아가는 관계이기 때문에 갈등을 막을 수는 없다. 어떻게 보면 부부관계에서 갈등은 당연히 일어나는 현상이라는 긍정적인 생각으로 접근해야 부부관계가 더 성숙된다. 문제는 갈등으로 인한 감정을 지혜롭게 푸는 기술인데, 이 기술이 바로 대화다.

먼저 부부가 평소에 어떤 패턴으로 대화를 하고 있는지 살펴야 한다. 서로 부정적으로 대화를 하고 있었다면 전문가의 도움을 받아서라도 긍정적인 대화를 할 수 있도록 해야 한다.

부부가 어떤 일에 감정이 상할 정도로 갈등이 생겼다고 하는 것은 배우자가 원하고 있었던 일이 나로 인해서 좌절되었거나, '내 마음을 알아 달라'는 배우자의 피맺힌 절규일 수 있다. 이럴 때는 '당신 마음을 이해해주지 못해서 미안해', '당신 기분이 그랬구나'라고 상대방의 마음을 읽어주는 것이 감정을 풀어주는 핵심 처방이라고 할 수 있다.

평소에 상대방을 존중하고 배려하는 마음을 갖는 것도 중요하다. 실수로 상대방의 인격을 모독하고 자존심을 상하게 했어도 배려하고 존중하는 마음으로 다가서면, 감정의 홍수에 빠진 위태로운 상황에서도 희망이 있다. 두 사람의 사랑이 불타오를 때는 그 어떤 상황도 위기로 내몰지 못한다. 그러나 타다 만 장작과 같이 사랑은 꺼지고 감정이라는 연기만 피어오른다면 이야기는 달라진다. 연기만 피어오르면 눈물만 날 뿐 불이 붙지 않는 것처럼 감정을 잘 관리해야 한다.

비록 힘들어도 배우자를 존중하고 배려하는 마음을 새겨야 한다. 그래야 갈등과 다툼이 있어도 감정의 홍수에 빠져 결혼생활이 악화되는 것을 막을 수 있다.

마음으로
함께하는 공감

공감은 상대방이 느낀 감정을 마음으로 느끼려는 노력이다. 즉, 상대방의 눈으로 보고 상대방이 느낀 대로 느끼며 그 사람 속으로 들어가 상대방의 생각이나 구조로 세계를 보는 것이다. 배우자의 환경이나 물리적 요소 때문에 사랑하는 것이 아니라, 배우자의 현재 모습 그대로를 인정하고 사랑하려는 마음을 말한다. 이렇게 배우자를 나의 가치관과 인격이 다른 독립된 사람으로 바라보는 훈련이 잘되어 있어야 배우자를 있는 그대로 사랑하고 서로 존중할 수 있게 된다.

● 왜 우리는 늘 다투는 걸까?

마음과 마음을 연결하는 공감

공감은 부부 사이가 멀어지고 마음과 마음 사이에 틈이 생겼을 때에도 다시 가까워질 수 있게 해준다. 또한 그동안 닫혀 있던 부부관계를 다시 새롭게 시작할 수 있도록 이끌어준다. 따라서 관계를 회복시킬 뿐만 아니라 마음에 긍정의 에너지가 넘치도록 한다.

부부가 서로 공감하기 위해서는 다음 사항을 점검해야 한다.

첫째, 서로에게 어떤 조건도 달지 않아야 한다
부부가 조건을 달기 시작하는 순간 눈은 배우자의 단점을 찾게 되고, 없는 약점이라도 찾아서 공격을 하게 된다. 많은 부부들이 문제가 발생하면 그 상황에 초점을 맞추고 누구 책임인지 잘잘못을 따진다. 이 상황에서 우선 보호해야 할 부분은 두 사람의 관계다. 부부관계가 상처를 입지 않도록 보호해야 한다. 그 어떤 조건이라 할지라도 두 사람의 관계보다 우선하지는 않기 때문이다.

그렇다고 배우자의 잘못된 행동까지 모두 받아주면서 이해하라는 뜻은 아니다. 잘못된 행동은 단호하고 지혜롭게 대처하면서도 두 사람의 관계를 먼저 보호하려는 노력이 필요하다.

둘째, 선한 동기를 찾아서 공감해줄 수 있어야 한다
우리는 겉으로 보이는 행동이나 결과를 가지고 상대방을 평가할 때가 많다. 겉으로 드러난 행동만 가지고 상대방을 바라보면 그 사람의 가슴 깊이 숨어 있는 선한마음을 찾을 수 없다. 배우자의 선한 동기를 찾을 수 없어 포기하면 공감할 기회는 점점 줄어든다. 단 하나의 선한 동기라도 찾겠다는 마음의 자세가 중요하다.

사실 배우자의 부정적인 동기나 행동으로 고통을 당하면, 복잡한 감정이 홍수를 이루어 평정심을 갖고 대처하기가 쉽지 않다. 그러나 배우자의 고통을 조금이라도 이해하고 나누려는 마음으로 다가가다 보면 관계를 회복할 기회를 찾을 수 있다.

셋째, 자신의 생각이나 의견을 상대방에게 강요하지 않는다

감정이나 생각, 가치관과 철학, 관심과 취미가 서로 다르다는 이유로 서로 인정하지 않고 반목하는 일이 생기는 경우가 있다. 부부가 너무 가까운 사이라서 자주 일어나는 일이다. 내가 먼저 배우자를 존중하고 인정하면 배우자도 나를 인정해주고 존중하게 된다.

하지만 이렇게 하는 것이 그리 쉬운 일은 아니다. 상대방에게 강요하지 않으려면 먼저 자신의 존재와 욕구가 무엇인지 점검하고 미리 채우도록 해야 한다. 평상시에 채워져 있으면 배우자를 느긋한마음으로 바라볼 수 있는 여유가 생기기 때문이다. 부부관계에서는 진정으로 공감하면 배우자가 이해받았다는 느낌을 받기 때문에 부부 사이의 정서적 유대관계가 좋아진다.

공감이 부부에게 주는 선물

첫째, 마음과 마음을 이어준다

공감하는 대화는 두 사람을 더 깊은 수준으로 소통할 수 있도록 돕는다. 따라서 마음과 마음이 서로 연결되는 기회가 생긴다. 아무리 가까운 부부 사이라 하더라도 마음이 서로 연결이 되지 않으면 행복할 수 없다.

외로움은 사회적 동물인 인류에게 치명적이다. 마음 한구석이 텅 비어 있는 것처럼 외롭고 쓸쓸할 때 그 마음을 헤아려줄 한 사람만 있다면, 그 어떤 문제도 극복할 수 있는 힘이 된다. 부부관계에서도 사랑하는 배우자가 힘이 되어준다면 이보다 더 큰 선물이 없다. 마음과 마음이 연결되기만 하면 모든 환경과 문제를 이겨내는 힘이 생겨날 뿐만 아니라 더 깊은 행복을 맛보게 된다.

둘째, 사랑의 확신은 자존감을 높여 정체성을 확고하게 한다

사람은 공감받지 못하면 대인관계에서 실망과 좌절을 겪을 수 있다. 또한 대인관계가 원활하지 못하면 결국 자아존중감에 큰 상처를 받아 위축된다. 공감으로 자존감이 높아지면 부부가 어떤 자리에 서 있어야 하는지가 명확해져 삶의 뿌리를 견고하게 내릴 수 있다. 뿌리 깊은 나무가 바람에 흔들리지 않듯이 자존감을 바탕으로 뿌리 내린 부부는 결코 쓰러지지 않는다.

셋째, 늘 곁에서 힘이 되어주는 효과가 있다

힘들고 어려울 때, 오직 나만을 위해 응원해주는 사람이 있다면 힘도 나고 기분도 좋아진다. 이 세상에 배우자보다 더 가까운 사람이 또 있 겠는가? 이런 사람이 나와 공감하고 언제나 내 곁에서 힘이 되어준다 면 최고의 선물일 것이다.

공감은 개인의 깨진 자아상을 회복할 수 있도록 돕는다. 결국 부부 의 공감하는 대화는 두 사람의 관계 회복을 도울 뿐만 아니라 갈라진 가족관계와 분열된 사회집단의 건전성을 회복시킬 수 있다.

• 왜 우리는 늘 다투는 걸까?

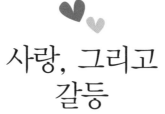

사랑, 그리고 갈등

"이런 곳에 올 만큼 내가 당신에게 잘못을 했어?"라며 몹시 억울해하는 남편은 "솔직히 말하면 남자로서 이런 일을 당하면 자존심 상하는 일 아닙니까?"라고 말하면서 불평이다.

"내 마음 좀 이해해 달라는 것이 그렇게 힘들어?" 아내의 외침은 어느새 절규로 변했다.

"그냥 내 마음을 좀 이해해 달라는 거야. 이렇게 비참하게 사는 내 모습을 보고 있으면 죽을 것 같아. 당신이 이런 내 마음을 한 번이라도 알아줬어?"

절규에 가까운 아내의 울음이 한동안 계속되자 아내의 진심을 알게 된 남편의 거친 손이 아내의 어깨를 감싸 안았다.

"여보 정말 미안해. 당신이 이렇게 나 때문에 힘들어서 죽고 싶은 마음이었는지 전혀 몰랐어. 이제야 당신이 왜 힘들어했는지 이해가 되네. 당신의 아픈 마음을 단 한 번도 이해해주지 못해서 정말 미안해, 여보."

엉킨 실타래처럼 도저히 풀릴 것 같지 않은 문제가 '내 마음 좀 이해해 달라'는 그 말에 진심으로 반응을 보이자 풀렸다. '부부싸움은 칼로 물 베기'라는 옛말이 실감이 났다.

갈등을 풀어내는 방법

부부생활에서 갈등은 삶의 일부라고 할 정도로 빈번하게 일어난다. 그렇다고 두 사람이 사랑하지 않거나 서로 다른 마음이 있어서 갈등을 일으키며 싸우는 것은 아니다. 지금까지 자신의 정체성을 지키며 굳건하게 살아온 삶의 방식이 자신의 안전을 지켜주었기 때문에 여전히 안전을 확보하려는 마음이 앞서다 보니 갈등이 생기는 것이다.

많은 부부들이 누가 옳고 그른지를 놓고 싸우는 경우가 많은데 이것

● 왜 우리는 늘 다투는 걸까?

처럼 비효율적이고 비생산적인 것도 없다. 대개의 경우 부부싸움은 관점의 차이에서 갈등이 일어나는 것이지 옳고 그름의 문제가 아니다. 그러므로 지혜로운 부부는 싸움이 일어나는 위기의 순간에 서로에게 상처가 되는 말이나 행동을 하지 않고 서로에게 피해가 가지 않도록 노력한다. 갈등이 일어나는 위기의 순간에 부부가 서로를 살리는 방법을 생각해보자.

첫째, 문제와 감정을 분리하라

감정을 표현하는 것은 좋은 현상이다. 그러나 감정에 너무 치우치면 문제 상황을 객관적으로 파악하는 데 걸림돌이 된다. 화가 나면 이성을 잃어 기본적인 원칙이나 규칙이 지켜지지 않는다. 감정이 올라온 상황에서 문제에 접근하면 오히려 더 얽혀서 해결하기 어려운 상황에 이르게 된다. 따라서 반드시 문제와 감정은 분리해서 접근해야 한다.

둘째, 시간과 장소, 끝내는 방법을 정해놓고 싸워라

부부가 싸울 때 감정을 앞세우게 되면 단순한 말다툼으로 끝날 문제가 크게 확대되어 큰 싸움으로 번진다. 그러나 부부가 서로 합의한 구체적인 내용이 있다면 예견된 틀 안에서 문제가 발생하기 때문에 대처하기가 쉽다. 시간을 정하고 장소를 조율하는 동안 폭발 직전에 있던 감정도 어느 정도 가라앉는 효과를 덤으로 챙길 수 있다.

심각한 문제일수록 시간적 여유를 갖는 것만으로도 극단적인 상황을 막을 수 있다. 더 중요한 것은 싸움이 일어났을 때 '끝내는 방법'에 대한 암묵적인 규칙을 정해두는 것이다. 예를 들어, '싸워도 하루를 넘기지 않는다'거나 '사과하면 무조건 받아준다'라는 규칙을 미리 정해두면 예기치 않았던 일이 발생했을 때 지혜롭게 대처할 수 있다.

셋째, '잠깐 멈춤'과 '일단 피하기'를 활용하라

배우자가 이성을 잃을 만큼 화가 나서 감정이 극에 달해 폭발 직전에 있으면, 양해를 구하고 자리를 일단 피하는 것이 바람직하다. 맞서서 싸우면 두 사람 모두 큰 피해를 입기 때문이다. 일단 자리를 피한 후에 배우자의 감정이 조금이라도 누그러진 다음에 대화를 하는 것이 바람직하다.

또한 상대방이 화가 난 상태로 문제를 해결하려고 한다면 지혜롭게 화제를 돌리는 방법도 있다. 음료를 권한다든지, 대화의 소재를 바꾸는 등 '잠깐 멈춤'을 통해 화가 난 감정을 분산시키는 것이 효과적이다.

넷째, 배우자가 말할 때 경청하고 집중하라

서로 감정이 좋지 않은 상황에서 대화를 하거나 불쾌한 감정을 말할 때 시선을 집중하지 않으면 더 큰 싸움이 된다. 특히 아내가 "내 말 좀 들어줘"라고 남편에게 요청할 때 "하고 싶은 말이 뭐야? 결론부터 말해"라는 식으로 반응을 한다면, 아내는 더 이상 말하고 싶지 않게 된다. 자신이 남편에게 존중받지 못하고 있다는 느낌을 받으면 마음의 문을

● 왜 우리는 늘 다투는 걸까?

걸어 잠글 수도 있다. 그리고 아내와 대화를 할 때 꼭 눈을 마주 보고 해야 한다. 딴 곳을 보거나 '듣고 있는 척'을 하면서 한 귀로 듣고 한 귀로 흘리면, 아내는 자신이 한없이 가치 없는 사람으로 느껴지면서 결국 말문을 닫아버린다.

눈을 맞추고 경청한다는 것은 상대방의 감정에 전적으로 동의한다는 표현인 동시에 관심의 표현이다. 때로는 자신과 의견이 맞지 않는다 하더라도 끝까지 듣고 난 후에 "당신의 입장에서 보면 충분히 그렇게 생각할 수 있다"와 같이 말하며, 배우자의 입장을 충분히 고려하고 이해해주어야 한다. 그런 후에 본인의 생각을 말하는 것이 순서다.

다섯째, '나 메시지'를 전달하라

기본적으로 대화가 되려면 자신의 뜻이나 마음을 상대방에게 잘 전달해야 한다. 아무리 좋은 내용도 전달하는 과정이 잘못되면 결국 상대방이 오해하거나 상처를 받는다. 만약 상대방과의 관계에서 내가 부정적인 감정을 느낀다면 그 감정은 전적으로 내 마음에서 올라오는 내 감정이다. 이 점을 명심해야 한다.

예를 들어, "당신이 약속을 지키지 않아서 오늘 기분이 정말 안 좋아"라고 하면 본인의 기분이 좋지 않은 이유가 상대방 탓이라고 말하는 것이다. 이런 경우 대개는 상대방도 공격적으로 나올 수 있고, 이는 결국 큰 갈등으로 이어진다. 이럴 때는 진심을 담아 이렇게 말하면 된다. "당신이 약속을 지키지 않으면, 나는 당신과 저녁 시간을 함께 보내지 못해서 많이 속상해"라고 말이다.

　'약속을 지키지 않아 기분이 나쁘다'는 말은 내가 기분 나쁜 이유가 바로 당신 때문이라는 의미를 담고 있다. 이럴 때는 앞에서 말한 '1인칭 대화법'을 사용해야 한다. 1인칭 대화법은 상대방을 탓하기 위한 것이 아니라, 이 상황에 대한 내 감정에 초점을 맞추기 때문에 상대방의 감정을 상하지 않도록 배려한다.

● 왜 우리는 늘 다투는 걸까?

결코 해서는
안 되는 행동들

부부로 살다 보면 이런 일은 제발 일어나지 않았으면 하는 일들이 종종 일어난다. 이런 상황에서 지혜롭고 건강한 부부는 그 충격을 최소화하려고 노력한다. 본의 아니게 싸움과 갈등이 일어나도 될 수 있으면 배우자의 감정을 자극하지 않으려고 노력한다. 물론 쉬운 일은 아니다. 그러나 살면서 겪는 크고 작은 갈등과 싸움에서 배우자에게 해서는 결코 안 되는 행동이 있다. 그 행동들을 살펴보자.

● 감정, 현명하게 표현하자

인격에 상처를 입히면 안 된다

인격은 상대방의 전부를 대변하고 있기 때문에 중요하다. 또한 인격은 사람과 사람 사이의 적절한 거리를 유지해서 자기를 보호하기 위한 최소한의 경계선을 긋는 기능을 한다.

그러나 부부는 너무 가까운 사이이기 때문에, 예기치 않은 상황에서 최소한의 안전장치마저 풀리는 경우가 발생한다. 안전장치가 풀리면 의도하지 않았던 말이나 행동이 나와서 상대방에게 상처를 줄 수 있고, 심리적인 불안과 정체성 상실로 인해서 혼란스러워지기도 한다. 이로 인한 거절감이나 소외감 등 많은 문제에 노출될 수도 있다.

건강한 부부는 관계를 견고하게 하기 위해 배우자가 싫어할 만한 일은 하지 않거나 본인 스스로 적절히 다루어 갈등을 최소화한다. 이와 반대로 자신을 스스로 세울 수 없는 사람은 본인 자신도 힘들 뿐만 아니라, 배우자가 자신에게 상처를 주는 상황에서도 그것을 적절하게 방어할 힘이 없다.

사람은 가장 가까운 사람에게 자신의 존재를 인정받아야 비로소 안정감을 느끼는데, 결핍될 경우 사랑받지 못한다는 자괴감과 거절감으로 고통을 받는다. 특히 어린 시절 부모에게 버림받았다는 느낌을 받으면 이 세상 어느 누구도 나를 받아주거나 돌봐주지 않는다고 절망하면서 자신이 살 가치조차 없는 존재라고 생각한다. 이런 경우 결혼한 후에도 배우자가 자신을 버릴지도 모른다는 생각에 빠지기도 한다. 또한 배우자가 자신이 원하는 만큼 사랑해주지 않으면 거절감을 느껴 괴로워한다.

거절감에서 벗어나기 위해서는 과거가 아닌 지금 내가 서 있는 자리에서 느끼고 생각하는 것이 중요하다. 과거에 자기가 사랑받지 못했다면 그것을 용기 있게 인정하는 것이다. 스스로 인정하면 지금까지 살아온 삶에서 왜곡되었던 부분이 보인다. 그러면서 과거의 아픈 상처는 과거의 일이고, 지금 나는 현재에 있다는 사실을 깨달아 또 다른 길을 볼수 있다.

이렇게 건강한 인격을 갖추려면 지, 정, 의가 균형을 이루어야 한다. 여기서 지는 지식, 정은 감정, 의는 의지를 말한다.

부부가 서로에 대해서 막연하게 알거나 정확하지 않은 정보만을 가지고 살아가는 경우, 문제가 생길 수 있다. 서로에 대한 정확한 정보는 어떤 일이나 문제가 발생했을 때 합리적으로 판단할 수 있게 해준다. 정확한 정보를 바탕으로 감정이나 본능으로 인한 피해를 최소화하려고 노력해야 한다.

부부관계에서 감정 또한 중요하다. 살다 보면 수많은 감정이 다가온다. 울 때는 눈치 보지 않고 울어야 하고, 즐거울 때 마음껏 박장대소할 수 있어야 한다. 하지만 우리는 감정을 표현하기보다 숨기는 것이 더 익숙한 환경에서 살아 왔다. 이것을 상대방에 대한 예의라고 말하기도 하고 아름다운 미덕이라고 포장하기도 하면서 말이다. 하지만 최소한 부부관계에서는 그렇게 감정을 숨겨서는 안 된다. 삶의 희로애락을 서로 표현해보자.

의지 또한 중요하다. 본인이 세운 계획이나 뜻을 이루기 위해서 달려가려면 무엇보다 의지가 있어야 한다. 많이 알고 정서적으로 뛰어나도 실천하려는 의지가 약하면 결국 아무것도 이루지 못하고 그 자리에 머물러 있게 되기 때문이다.

과거 일을 들추어내지 않는다

잊을 만하면 예전의 일을 다시 꺼내서 발칵 뒤집어놓는 사람이 있다. 평상시에는 거론하지 않다가 자신에게 불리한 일이 있으면 인정사정 보지 않고 들추어내어 무지막지하게 상대방을 공격한다. 배우자가 자신의 과거사를 잊을 만하면 다시 꺼내어 재탕하는 것은 상대방의 감정을 자극하기 때문에 위험한 행동이다. 만약 이런 상황에서 부부싸움이 일어났다면 최악으로 갈 가능성이 아주 높다.

생각해보자. 좋은 말도 여러 번 반복하면 듣기 싫다. 하물며 과거의 상처를 반복해서 들추어내면 그것처럼 괴로운 일이 또 있을까? 상처가 잘 아물어 가고 있는데 그 상처를 후벼 파면, 처음 상처받았을 때보다 더 아프고 더 커진다.

더 큰 문제는 용서에 있다. 어떤 문제가 일어나면 본인의 의지든 타인이 주도적으로 한 것이든 반드시 적절한 대가를 치르게 된다. 이렇게 해서 마무리가 되었다면 용서가 따라야 한다. 진정으로 용서했다면 어떤 이유에서든 언급하는 일이 없어야 한다. 상대방의 동의 없이 다시 거론한다는 것은 적절한 대가를 치르지 않았거나, 진정으로 용서하지 않았기 때문이다.

인신공격을 하지 않는다

인신공격은 상대방의 신상에 관한 아픈 상처나 약점을 비난하는 것을 말한다. 의외로 많은 부부들이 인신공격으로 인한 상처를 호소한다. 인신공격은 상대방을 비웃거나 인격에 손상을 주는 폭력이다. 그렇기 때문에 서로 하지 않아야 한다. 하지만 오히려 급증하면서 부부싸움을 일으키고 있다.

감정이 격해졌다고 해서 인신공격으로 상대방을 공격하게 되면 마음에 깊은 상처가 되어 치료와 회복에 많은 시간과 에너지가 든다. 일상생활에서 오는 상처와 갈등은 부부싸움이 끝나고 나면 언제 그랬냐는 듯이 제자리를 찾지만, 인신공격은 독화살처럼 마음 깊이 박혀 쉽게 사라지지 않고 오래도록 머물면서 독을 뿜어낸다. 더 큰 문제는 이 독화살이 대개 부부관계에서만으로 끝나지 않는다는 데 있다. 배우자의 부모를 비방하거나 집안의 시시콜콜한 문제까지 들먹이면서 공격한다. 그래서 상상을 초월하는 아픔을 주는 것이다.

말은 입을 통해 나오는 마음의 열매다. 긍정적이고 행복한 말은 건강한마음에서 나온다. 배우자에게 사랑의 말을 전하기 위해서는 마음 속에 배우자를 향한마음이 자리 잡고 있어야 하는 것이다.

폭력을 휘둘러서는 안 된다

감정이 극에 달하면 폭발하는 경우도 생긴다. 이때 폭발한 감정 때문에 이성이 마비되어버리면, 제동장치 없이 달리는 폭주기관차가 되고만다. 부부 중에 한 사람이라도 감정이 폭발할 경우, 그 불안전한 힘은 어떤 형태로든지 폭력으로 이어질 가능성이 높다.

남편이나 아내가 폭력을 쓴다는 것은 배우자에 대한 최소한의 예의를 저버린 비인간적 행동이다. 따라서 폭력을 행사하는 순간 두 사람의 관계는 치명적인 상처를 입게 된다. 문제를 해결하는 도구나 감정을 해소하는 도구로 폭력을 사용하기 시작하면, 폭력의 굴레에서 쉽게 빠져나오기 어렵다. 이렇게 되면 중독으로 빠져 2차적 피해가 나타난다.

요즘 젊은 세대에서 나쁜 남자를 선호하는 경향이 있는데 조심해야 한다. 처음 무례한 행동을 하거나 과격한 행동을 할 때 묵인하거나 멋있다고 하면, 상대방은 과격한 행동을 해도 되는 것으로 착각한다. 이런 행동들을 건강하게 제어하지 않고 습관처럼 자연스럽게 사용하게 되면 결국 고착되어 그 행동을 개선해야 할 이유가 사라져버린다. 이후에 부부관계에서 크고 작은 문제가 발생해도 이 문제의 심각성을 전혀 느끼지 못한다. 그러므로 폭력은 처음 나타나는 순간 뿌리 뽑아야 한다. 근본적인 해결을 뒤로 미룬 채 지나친 행동만을 문제 삼으면 가지치기 하는 정도로만 끝나버린다. 결국 이 문제는 해결되지 않고 오히려 깊어진다.

연애시절에 한 번이라도 폭력이 있었던 연인들은 결혼 후 다시 폭력을 쓸 가능성이 크다. 폭력은 처음에 단호하게 대처하지 않으면 언제든 재발할 수 있는 중독성이 매우 강한 행위라는 사실을 알고 철저하게 대처해야 한다. 폭력은 단순히 육체적인 고통이나 상처로 끝나지 않고, 배우자의 존엄성과 삶의 의미를 허물어 자존감을 송두리째 빼앗는 범죄행위다.

뿐만 아니라 폭력은 자녀에게 대물림되는 경우가 많다. 부모의 폭력을 보고 자란 자녀는 폭력을 당연하게 여길 뿐만 아니라, 감정을 표출하거나 불만이 생기면 폭력으로 해결하려고 한다. 어린 시절 폭력의 피해자로 고통받던 아이는 성인이 되어 힘이 생기면 폭력의 가해자가 되는데, 부모세대의 증상보다 자녀세대의 증상이 심해지는 면이 있다.

성관계는 단순한 육체적 결합이 아니다. 두 사람이 몸
과 마음을 열어 육체와 영혼이 하나가 되는 아름다운
하모니를 이루는 것이다.

6부

성생활,
부부관계의 윤활유

위대한
사랑의 힘

남녀가 서로에게 관심을 갖고 결혼이라는 중대사를 결정하는 시기인 연애기간은 서로를 향한마음과 사랑의 에너지가 최고조에 달해 있다. 서로를 바라보는 눈빛은 북극성보다도 더 밝게 빛나고, 두 사람이 주고받는 대화는 언제 들어도 기분 좋은 음악처럼 감미롭게 들린다. 두 사람이 내뿜는 사랑의 에너지가 최고조에 있기 때문에 가능한 일이다. 이런 현상은 로맨틱하고 매력적인 감정인 사랑을 타고 와서 부부의 삶을 황홀하고 더 아름답게 만드는 역할을 한다.

● 왜 우리는 늘 다투는 걸까?

로맨스가 필요해

부부간의 사랑에도 로맨틱한 요소가 필요하다. 로맨스가 결여되면 부부의 사랑은 활력을 잃고 시들고 메마르게 된다. 부부에게 있어 로맨스는 사랑에 활력을 불어넣는 비타민과 같은 역할을 한다. 그러나 로맨틱한 감정이 사랑의 전부는 결코 아니다. 감정은 그 사람의 컨디션이나 분위기 등 환경에 따라서 쉽게 변하기 때문이다.

로맨스는 서로를 깊이 살피는 마음과 육체적 매력이 혼합되어 있다. 따라서 상대방을 보면 뜨거운 마음이 일어나고 동시에 심장이 두근거리면서 '사랑에 빠졌다', '심장이 쿵쾅거려 내 마음을 주체할 수 없다'고 말한다.

그 특징을 보면, 일시적인 기분이나 감정에 충실하기 때문에 기분이 좋을 때는 상대방을 향한 사랑의 마음이 열정적으로 끊임없이 솟아올라 상대방을 더 챙겨주고 싶고 계속 함께 있고 싶어진다. 시간이 더 흐르면 분위기가 달아오르고 감정이 고조되는데 상대방이 안전하다는 생각이 들 때쯤 몸과 마음이 서서히 열리게 된다.

영원히 타오를 것 같았던 사랑의 감정이 오래가지 않고 식으면 배우자의 장점보다 단점이 더 크게 보이기 시작한다. 용광로같이 뜨거운 사랑을 할 때는 자기감정이나 기분에 맞지 않아도 이해하며 넘어갔던 일들이, 사랑이 식은 후에는 갈등이 되고 분노를 일으키는 상황으로 돌변하는 것이다.

이처럼 로맨스는 상대방에 대한 강한 매력 때문에 사랑이 용광로처럼 타오르다가 매력이 떨어지면 사랑의 열기도 식는 특징이 있다. 눈에 씐 콩깍지가 떨어져 나가면서 생기는 현상이다. 사소한 일에도 관심을 보이며 애정 어린 말과 깨알 같은 칭찬으로 상대방의 기분을 좋게 만들었던 연애시절의 낭만은 빛바랜 사진처럼 추억 속 한 장면이 되어 기억을 찾기도 쉽지 않게 된다.

남은 것이 있다면 사사건건 면박을 주거나 불평을 하는 잔소리뿐이다. 그래도 잔소리를 하는 것은 애정이 아직 남아 있어서라고 할 수 있다. 몇십 년을 함께 동고동락한 부부임에도 서로에 대해 관심이 없는 것은 물론 대화가 단절된 부부들도 상당수에 이른다.

특히 성에 대해서는 결혼을 한 부부이건 교제 중인 연인이건 터놓고 이야기하는 경우가 거의 없다. 성생활이 실생활에서 중요한 부분을 차지하는 데도 제대로 대화를 하고 있지 않은 것이다. 부부가 살아가면서 많은 일들에 대해서는 대화를 하면서도 유독 성에 관해서는 금기시하는 경우가 많다.

상담 현장이나 강의 현장에서 부부와 연인들을 대상으로 성문제에 대해 다루다 보면, 실제적으로 성에 대해서 구체적으로 상대방과 이야기하며 문제를 해결하는 경우가 많지 않음을 알 수 있다. 성문제를 제외한 다른 크고 작은 문제들에 대해서는 적극적으로 대처하며 해결하는 것에 비해, 유독 성문제에 대해서만큼은 자신의 입장이나 감정을 표현하는 부부가 많지 않은 것이다.

● 왜 우리는 늘 다투는 걸까?

대체적으로 결혼생활에 만족하고 있는 부부 열 쌍 중 일곱 쌍이 성생활에 대해서 솔직하게 자신의 의견이나 감정을 상대 배우자에게 표현한다고 한다. 하지만 결혼생활에 회의적이거나 어려움을 호소하는 부부들은, 일상적인 대화도 많이 하지 않았을 뿐만 아니라 성에 관한 이야기는 거의 하지 않는 등 소극적으로 대처한다.

성, 드러내고 이야기하라

필자에게 어렵게 상담을 요청했던 어느 젊은 부부의 경우를 살펴보도록 하자.

아내는 20대 후반, 남편은 5살 연상이고 직장생활 2년차다. 남편은 원하는 직장에 들어가기 위해 대학원까지 졸업을 했으나 결국 원하는 직장에 들어가지 못했다. 하지만 현재의 직장에 잘 다니고 있다. 그런데 남편이 직장에서 퇴근한 후 거의 말을 하지 않는다. 결혼하기 전에는 말도 잘하고 무척 마음이 따뜻한 사람이었는데 왜 이렇게 변했는지 이해가 되지 않을 뿐만 아니라, 이제는 남편과 평생을 함께 살아도 되는지 회의가 들 정도다. 아내는 남편의 마음이 점점 멀어지는 것 같아서 비위도 맞추어보고 애교도 부려보았지만 남편은 점점 하숙생처럼 변해가고 있었다. 아내는 사랑 하나만 있으면 모든 것이

해결될 것이라고 믿고 있었는데, 사랑의 중심축이었던 남편의 변한 모습에 감당하기 어려운 상처를 받았다.

상담을 하면서 남편은 이제까지 그 누구에게도 하지 않았던 이야기를 용기내서 아내에게 했다. 자신이 그렇게 원하던 직장에 들어가기 위해 도전을 했으나 결국 실패했고, 가장의 책임을 다하기 위해 어쩔 수 없이 현재의 직장에 들어가 힘들게 일했다는 것이다. 그래서 남편은 스트레스가 많았다. 그 스트레스를 사랑하는 아내와의 성관계 통해서 풀었는데, 아내가 임신을 하면서 남편의 요구를 냉정하게 거절했던 것이다.

남편은 사랑도 확인하고, 직장에서의 스트레스도 해결할 수 있는 유일한 낙이 사라지면서 삶의 활력까지 잃은 것이다. 이런 자신의 상황을 아내에게 솔직하게 이야기했더라면 쉽게 해결될 문제였지만 남편은 표현하지 않고 마음 깊은 곳에 감추어놓았다. 마음의 문을 닫고 아내와 대화의 문도 굳게 닫아버린 것이다.

사실 우리나라의 경우 성문제를 공론화하는 것 자체를 반기지 않는다. 성은 밝고 아름다운 것이라고 말하고 가르치는 것이 아니라, 음침하고 어두운 밤 문화 정도로 취급하는 사회적 분위기가 결국 성문제를 쉽게 풀 수 없게 만들었다.

이제는 부부들이 자리에서 일어나 어두운 성문화를 과감하게 바꾸어야 한다. 창조주가 남자와 여자를 서로 다르게 만든 이유는 상대방에게

• 왜 우리는 늘 다투는 걸까?

마음이 끌려 서로 위해주고 사랑하며 살도록 한 것이 아니겠는가? 부부가 낭만적이고 아름다운 성문화를 세우기 위해서는 서로 원하고 바라는 것을 과감하게 표현해야 한다.

하늘이 준 소중한 선물! 아름답게 사용할 때, 우리 사회는 밝은 미소가 넘치는 행복한 터전이 될 것이다.

부부는
일심동체

한마음으로 뜻을 같이 해서 한 몸을 이루는 것을 '일심동체'라고 한다. 부부는 마음뿐 아니라 몸도 하나를 이루기 때문에 '부부 일심동체'라고 말한다. 사실 '두 사람이 한 몸을 이루는 것'이라는 표현 자체가 부부의 성생활을 포함하고 있다. 하지만 두 사람이 사랑으로 한 몸을 이루기란 말처럼 쉽지 않다. 그래서 갈등이 계속해서 일어난다. 부부가 성관계를 통해서 긍정적인 것도 얻지만 부정적인 면 또한 많기 때문이다.

● 왜 우리는 늘 다투는 걸까?

부부관계의 어려움

결혼 4년차 한 남성의 사례를 통해서 부부관계의 어려운 단면을 들여다보자. 연애기간 중에는 뜨거운 사랑을 했고, 신혼생활 역시 부부관계가 좋았는데 지금 두 사람은 꼬일 대로 꼬여 어떻게 문제를 풀어야할지 막막하다며 도움을 요청했다.

남편은 문제가 되고 있는 부분을 점검해 가던 중 고개를 숙이며 성관계의 어려움을 호소했다. 3년 전부터 성관계가 소원해지면서 한 달에 한 번이나 두 번, 소위 말하는 의무방어전을 치르는 상황이 되었고, 지금은 이것마저도 중단된 지 몇 개월이 되었다. 전형적인 섹스리스로 가는 길목에 서 있었던 것이다.

출산 전까지 성관계에는 아무런 문제가 없다고 남편은 생각하고 있었다. 지금 생각해보면 큰 착각이었다고 스스로 자책했다. 남편은 회사 업무의 특성상 회식을 하는 날이 많았다. 자연적으로 술을 마시고 집에 들어오는 날이면 술기운에 아내에게 성관계를 요구했다. 아내가 별 거부반응 없이 받아주었기 때문에 아무런 문제의식을 갖지 않고 있었다. 하지만 아내는 술기운에 성관계를 요구하는 남편이 짐승처럼 보여 싫었고 이런 행동들이 계속되자 감정 없는 로봇이 되어 남편에게 순응하고 있었던 것이다.

남편은 깨가 쏟아지던 신혼 때처럼 돌아가고 싶었지만 되돌리기에는 너무 많은 시간이 흘렀다. 또 굳게 닫힌 아내의 마음을 열 방법이 없었다. 아내의 아픔을 조금이라도 일찍 알았더라면 두 사람의 관계가 지금처럼 얼어붙거나 멀어지지 않았을 것이라면서 서로 대화하지 않은 것을 가장 많이 후회했다. 특히 성에 대해서는 지나칠 정도로 보수적이었기 때문에 문제가 보여도 적극적으로 대처하기보다는 임기응변으로 넘어간 것이 지금의 화를 불러 왔다며 자책했다.

　아내 역시 첫 아기를 출산한 후부터 조금씩 변했다. 처음에는 아이를 키우는 것 때문에 피곤하다고 성관계를 거부하더니, 나중에는 이런 저런 핑계를 대면서 성관계를 멀리했다. 남편도 처음에는 아내의 태도가 불만이었지만 회사 일과 대인관계의 스트레스로 인해 몸이 피곤하다 보니 자주 관계를 갖지 않게 되었다. 그러면서 자연적으로 성기능도 조금씩 떨어져 성관계 중에 발기가 풀리거나 일찍 사정하는 횟수가 많아졌다. 이런 날은 아내에게 너무 미안한마음뿐인데, 아내는 별 반응이 없고 표정도 좋지 않아 자괴감마저 들었다.

　사실 신혼 때 같으면 아무런 문제도 되지 않았던 일들인데, 지금은 서로의 마음이 멀어지고 친밀감이 떨어진 상황이라서 점점 아내의 눈치를 보게 된 것이다. 부부가 함께 즐기면서 행복해야 할 성이 가장 무미건조하고 서로를 힘들게 하는 요소가 되어버린 것이다.

남녀가 원하는 성관계는 다르다

부부가 함께 사는 이유는 서로를 사랑으로 원하기 때문이다. 결혼과 동시에 지금까지 경험해보지 못했던 친밀감의 극치를 맛보게 되는데, 이것이 스킨십이고 부부간의 성관계다. 부부간의 모든 행동을 '사랑의 행위'라고 하는 이유가 여기에 있다. 그러나 많은 부부들이 친밀감의 극치요, 사랑의 행위인 성관계를 무기로 사용하기도 한다.

성관계를 무기처럼 사용하는 것은 위험한 행동이다. 기분이 좋거나 이익이 생기면 응해주다가도, 배우자가 마음에 들지 않으면 성을 무기처럼 사용해서 거절하거나, 협상의 도구로 쓰는 행위는 두 사람의 관계에 치명적인 상처를 입힌다.

남자들은 상대방의 입장을 이해하거나 배려하지 않고 힘만 앞세우면 능력 있는 남자가 될 것 같은 착각에 빠져 일방적인 성관계를 하려 한다. 힘으로 밀어붙이면서 열정을 다하면 배우자가 좋아할 것이라고 생각하는 것이다.

그러나 여자는 힘을 앞세운 성관계에 흥미가 없다. 여자가 좋아하는 것은 따뜻한마음으로 배려하며 부드러운 손과 몸으로 표현하는 스킨십이다. 성관계 자체에서 만족을 얻기보다는 서로 사랑하는 마음으로 정서를 채워주는 교감을 더 중요하게 여긴다.

관계가 나쁜 부부들의 특징

세미나에서 부부들과 이야기를 나누다 보면, 부부관계에 어려움을 호소하는 부부들은 대부분 다음과 같은 특징이 있다.

첫째, 침묵을 미덕으로 여긴다

대부분의 인간관계도 그렇지만 특히 부부는 서로의 마음을 표현하지 않으면 관계가 지속되기 어렵다. 소통과 표현은 부부생활의 심장과 같은 역할을 하는데, 침묵으로 일관한다면 결국 어려운 상황에 스스로 빠지는 결과를 초래한다.

특히 남편들의 경우 '사랑한다'는 말에 매우 인색하다. 사나이가 얼굴 화끈거리게 사랑한다고 굳이 말로 표현해야 되느냐며, 평생을 단 한 번도 아내에게 '사랑한다'는 말을 하지 않은 것을 자랑 삼아 이야기하는 분들도 있다. 서로 사랑으로 이루어진 부부라면 배우자가 사랑 고백을 원할 때 기쁨으로 고백하는 것도 용기가 아니겠는가?

둘째, 부부간에 스킨십이 없다

부부간 스킨십은 두 사람 모두에게 행복과 활력을 선물해준다. 또한 서로의 존재가치를 높이고 삶의 의미를 더욱 풍성하게 한다. 만약 두 사람이 사랑하는 감정을 느끼지 못해 스킨십이 없다면 결혼생활은 의무만 있고 행복이 메말라 버린, 오아시스 없는 사막이 될 것이다.

스킨십은 두 사람의 마음에 좋은 감정이 일어나도록 하는 도구다. 말할 때도 때를 놓치면 후회하듯이, 스킨십도 적당한 때를 놓치면 하고 싶어도 하기가 쉽지 않아 평생 후회로 남게 된다. 배우자가 건강한 바로 지금이 스킨십을 할 가장 적당한 때이고, 좋은 시간이다.

셋째, 성관계가 어렵다

부부가 성생활에 대해 솔직 담백하게 이야기를 나눌 수 있다면 이보다 더 좋을 수는 없다. 사실 우리 주변을 보면 성관계에 대한 기본을 모르는 사람이 의외로 많다. 신체의 구조나 성심리에 대해서 진지하게 학습한 적이 없다. 게다가 사춘기 시절 친구들에게 들은 에로틱한 이야기나 음란물 등 왜곡된 정보만 접한 채 결혼생활을 시작하기도 한다.

부부의 성관계는 서로가 느끼는 만족감에 상당한 차이를 보인다. 두 사람 모두 깊은 만족감을 나타내는 경우도 있고, 몸이 피곤하거나 스트레스가 쌓였을 때는 의도와는 달리 순식간에 끝나버리는 경우도 있다. 또한 마음이 상하거나 상처가 있을 때는 성적 충동이 일어나지 않는 경우도 있다.

부부의 성생활은 상황과 환경에 따라 시시각각 변하기 때문에, 성생활에 만족하기 위해서는 평소 배우자가 무엇을 원하는지 파악해서 자연스럽게 실천에 옮기는 자세가 필요하다. 그러나 안타깝게도 건강한 부부의 성생활을 위해 자신의 속마음을 이야기하고, 배우자의 의견을 존중하면서 살아가는 부부가 그리 많지 않다.

부부의 성관계는 단순한 성적 쾌락이 아니다. 친밀감과 심리적 안정을 주고 삶에 활력이 넘치도록 하는 긍정 에너지이기 때문에 두 사람이 마음을 모아 함께 만들어가는 자세가 중요하다.

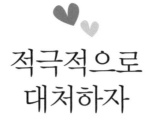

적극적으로
대처하자

행복하고 건강한 부부는 성을 부정적인 도구로 사용해서 배우자에게 상처를 주지 않는다. 일회성으로 끝나는 성관계라면 테크닉이나 오르가슴, 육체적 만족 등과 같은 것이 중요하겠지만 부부의 성은 육체적 만족만을 성관계의 전부로 보지 않는다. 육체적 만족보다는 정서적인 교감을 통해 친밀감을 높이고 서로 더욱 강하게 결속하는 것을 더 소중하게 생각한다.

성이 도구가 되어서는 안 된다

부부가 정서적으로 교감하게 되면 서로에 대한 사랑과 열정이 높아지기 때문에 자연적으로 성관계가 늘어나게 된다. 정서적으로 강하게 결합된 부부는 성생활을 즐기면서 서로의 욕구까지 탐색하고 충족시켜주려고 노력한다. 부부가 성관계를 통해 진정한 사랑의 토대를 만들어갈 수 있는 것이다.

그러나 갈등을 겪고 있는 부부들은 욕구를 채우거나 갈등을 해결하는 데 성을 이용한다. 성이 도구가 되고 수단이 되는 순간 인간으로서 존중받고, 배우자로서 사랑받아야 되는 근본가치가 흔들린다. 이렇게 되면 두 사람의 신뢰는 산산이 부서져 관계가 깨져버린다. 아내는 마음의 문을 닫고 배우자와의 성관계 자체를 멀리하거나 아예 담을 쌓는다. 남편은 심리적으로 불안해져 성관계에 흥미를 느끼지 못한다. 이때 나타나는 현상 중에 가장 대표적인 것이 바로 발기부전이다.

필자에게 상담을 요청한 사람 중에도 이런 경우가 꽤 있었다. 한 젊은 남편이 필자에게 상담을 요청했다. 상담하는 내내 분위기가 무겁게 가라앉아 있었다.

남편은 아내와 성관계 중에 발기가 풀리는 일이 생겼다. 지금까지 전혀 문제가 없었기 때문에 몹시 당황했다. 맨 처음 문제가 발생했을 때는 술에 취한 상태였기 때문에 대수롭지 않게 여겼다. 자고 있던 아내의 의사는 고려하지 않은 채 일방적으로 성관계를 진행했고 아내도 성화에 못 이겨 결국 응했다. 그런데 관계를 하고 있는 중에 발기가 풀린 것이다.

원하지 않는 아내의 의견을 무시하고 시작된 성관계에서 이런 일이 벌어졌기에 몹시 충격에 빠졌다. 그리고 아내가 왜 중간에 하다가 마느냐며 핀잔을 준 것이 마음에 큰 상처가 되었다. 이런 일이 있기 전까지는 성문제에 대해서만큼은 별 문제가 없다고 자부해왔다. 그래서 발기가 풀린 것은 엄청난 충격이었고, 언제 또 풀릴지 모른다는 두려움 때문에 아내와의 성관계를 피하게 되었다.

이 젊은 남편은 아내에게 자신의 심정과 힘든 상황을 솔직하게 말하고 이해를 구하고 싶은 마음이 들다가도, 자신이 무기력한 남편이고 만족을 주지 못하기 때문에 아내가 실망할 것 같아서 이러지도 저러지도 못한다며 어려움을 호소했다.

문제가 생기면 적극적으로 대처하라

요즘 우리 사회의 성문화는 기초가 부실해도 그 정도가 너무 심하다. 인터넷이나 각종 언론매체의 발달로 정보는 쏟아져 나오고 있으나, 말초신경만 자극하고 왜곡된 성문화를 조장할 뿐 건강한 성문화를 심어주지 못하고 있다. 예를 들어, '남자는 힘이다'라는 식의 성문화가 그렇다. 남자는 힘을 앞세워 상대방에게 만족을 주지 못하면 제 역할을 못했다는 자책감 때문에 결국 성관계를 꺼리는 상황이 되고 만다. 또한 힘을 앞세운 일방적인 삽입 위주의 성관계는 여자에게 성고통을 유발한다. 정서적 교감이 없는 무미건조한 섹스에 대한 거부감이 일어나 결국 섹스리스가 되고 만다.

성에 대해서 보수적인 우리나라에서는 성문제가 발생하면 적극적으로 대처해서 해결하기보다는 차일피일 미루거나 문제를 덮어버리기 때문에 더 큰 문제다. 앞 사례의 남편도 혼자 고민하다가 상담실을 찾았지만 모든 것을 비밀로 해줄 것을 거듭 당부했다. 이런 경우 전문의의 도움을 받아 발기부전의 근본 원인을 정확하게 파악하는 것이 중요하다. 질병으로 생긴 생물학적인 문제는 전문의의 처치가 절대적으로 필요하기 때문이다. 만약 생물학적인 문제가 없음에도 발기부전이 일어나면 심리적인 요인을 찾아서 해결해야 한다.

요즘 우리 사회는 어느 때보다 경쟁이 치열하다. 취업대란으로 직장에 들어가는 것부터 전쟁이고, 이렇게 어렵게 들어간 직장이라 하더라도 고용불안과 과중한 업무로 인해 심각한 스트레스를 받고 있다. 전문가들은 이런 정서적인 스트레스가 발기부전을 일으키는 요인 중 하나라고 경고한다.

성관계는 부부생활 전반에 영향을 준다

30대 중반으로 보이는 한 여성이 필자에게 도움을 요청했다.

아기를 낳은 후 자녀양육에 많은 힘이 들었다. 친정 부모님이나 시댁 부모님의 도움을 받을 수 있는 상황이 아니어서 자녀양육은 거의 대부분 혼자의 힘으로 해오고 있기 때문에 힘도 들고 신경을 쓸 일이 많아 예민해졌다. 그런데 남편이 이런 힘든 상황에서 성관계를 요구할 때면 겉으로 표현을 하지 않지만 짜증이 나고 마음이 많이 상했다. 조금만 자기를 배려해주면 좋겠는데 남편은 자신의 성적인 욕구만 채우는 것 같아 속상했다.

부부는 만삭 때까지 성관계에 모두 적극적이었고 서로 만족했다. 하지만 초보 엄마로서 육아에 온 힘을 기울이다 보니 남편에게까지 신경을 쓰지 못했고, 남편도 회사일이 많아지면서 자연적으로 성관계는 점점 줄어들어 두 사람 모두 거의 관계를 하지 않게 되었다.

아기가 첫 돌이 지난 후에 남편과 다시 성관계를 했는데 전혀 생각하지도 않은 문제가 생겼다. 남편이 성관계 중에 발기가 풀렸던 것이다. 처음에는 대수롭지 않게 여겼다. 그러나 지금은 남편이 오히려 더 스트레스를 받는 상황이 되었고, 자신감이 점점 떨어져 아내를 외면하고 피하기까지 했다. 아내는 남편에게 용기를 북돋워주기도 하고 괜찮다며 위로도 해주었지만 이렇다 저렇다 말이 없었다.

이 여성은 병원에서 치료를 받거나 상담으로 해결할 수 있을 것 같다고 말했다. 문제는 남편이 어떻게 생각할지, 자존심에 상처를 받나 않을지, 여러 생각들이 복잡하게 얽혀 있어 이러지도 저러지도 못하는 상황이라고 했다. 이 부부는 아내가 먼저 지혜롭게 대처한 것이 주요했다. 아내가 시간의 여유를 갖고 차근차근 준비했다. 아내의 마음을 나중에 알게 된 남편이 용기를 내었다.

남편은 처음에 자존심 때문에 펄쩍펄쩍 뛰었지만 결국 아내를 사랑하는 마음이 자존심보다 컸다. 병원에서 진료를 받았고 신체적인 문제가 아니라는 진단이 나온 후에 함께 상담을 받기 시작했다. 결국 남편은 발기부전이라는 깊은 잠에서 깨어나 오랜만에 기지개를 펴는 기쁨을 맛보았다.

이와 같이 부부의 성문제는 단순하게 성관계를 하고 못하는 문제로 끝나는 것이 결코 아니다. 부부생활 전반에 영향을 줄 뿐만 아니라 전혀 예상하지 못했던 일들이 일어나기 때문에 지혜롭게 대처하는 것이 무엇보다 중요하다.

섹스리스,
부부 사랑의 블랙홀

우리 사회의 어두운 단면을 보여주는 통계가 있다. 바로 '우리나라 부부들이 세계에서 가장 섹스리스가 많다'는 것이다. EBS 교육방송과 강동우 성의학연구소가 공동 조사한 '한국남녀의 성생활에 대한 연구, 2012년'에 따르면 기혼 남성의 25퍼센트 정도가 월 1회 이하로 성관계를 한다고 답했다. 기혼 여성의 경우 38퍼센트가 섹스리스의 범주에 들어갔다.

섹스리스의 정의는 연구마다 조금씩 차이를 보인다. 그러나 정상적인 부부가 정당한 이유 없이 성관계를 하지 않는 기간이 3개월 이상 지속되면 전형적인 섹스리스라고 한다. 상대 배우자가 성관계를 요청하고, 어떤 특별한 사유가 없음에도 성관계를 거부하거나 한 달에 한 번 이하로 성관계를 갖는 것도 섹스리스의 범주에 든다.

여론조사 전문기관인 리얼미터와 한국성과학연구소가 기혼 남녀 1,000명(남성 506명, 여성 494명)을 대상으로 조사한 '2014년 한국인 성의식 실태'에 따르면, '최근 1개월간 얼마나 성관계를 가졌느냐'는 질문에 연령과 성별을 불문하고 한주에 1~2회가 33.4퍼센트를 차지했고, 월 2회가 21.4퍼센트였다고 한다. 최근 성관계를 전혀 갖지 않았거나 월 1회인 사람은 무려 35.1퍼센트로 나타났는데 이는 3명 중 1명 이상으로, 섹스리스의 범주 안에 드는 수치다(〈동아일보〉, 2015년 2월 11일자).

섹스리스가 되는 이유를 조사한 결과 부부간의 불화, 과도한 업무량, 시간적 여유가 없어서, 만족스럽지 못한 성관계, 상대방에 대해 신비감이 사라진 것 등이 주요 원인으로 꼽혔다.

섹스리스가 되는 이유

우리나라는 성관계 만족도와 횟수 둘 다에서 세계 평균에도 못 미친다. 세계 평균은 60퍼센트 이상의 만족도를 보이는 반면, 우리나라는 20퍼센트 초반의 만족도를 보인다. 남성보다 여성의 만족도가 더 낮은 것

● 왜 우리는 늘 다투는 걸까?

으로 나타났다. 성관계 횟수에서 상위에 올라 있는 유럽 국가들의 경우 평균 주 2회 이상 성관계를 하는 것으로 나타났지만, 우리나라는 유럽 국가들의 절반인 주 1회 정도였다.

이런 결과를 개인의 성적 취향 정도로 쉽게 여길 수도 있으나 현실은 그렇지 않다. 이혼을 신청한 부부를 대상으로 면밀히 조사해보니 무려 80퍼센트가 이혼을 심각하게 고려한 이유가 섹스리스 때문이라고 대답했다.

이처럼 섹스리스가 우리나라 부부들에게 특히 많다. 그 이유는 우리의 국민 정서에서도 찾을 수 있다. 학교에서도 건강한 성에 대한 교육이 부족했고, 종교에서도 긍정적인 면보다는 부정적인 면을 강조했으며, 성을 금기시하는 전통적 사회 통념 등, 사회 전반적으로 성을 밝고 건강한 것이 아니라 어두운 밤거리의 퇴폐 문화 정도로 보는 시각이 대부분이기 때문이다.

이런 부정적인 문화는 결혼한 부부들에게 그대로 영향을 끼쳤다. 성관계가 행복한 결혼생활을 위해 서로 사랑을 표현하고 친밀감을 향상시켜주는 육체적·정서적 교감이자 부부의 가장 아름다운 행위가 되어야 하는데, 성관계를 '두 사람의 성기가 결합하는 행위' 정도로 단순하게 생각한 측면이 강했던 것이다.

또 우리나라 사람들은 참고 사는 것에 익숙해져 있다. 앞에서 살펴본 대로 성관계를 많이 하는 유럽의 경우 자신의 의견을 정확하게 표현하고, 불합리할 경우 서로 대화로써 해결하려 한다. 하지만 우리나라는 배우자가 불합리한 태도를 보여도 참고 사는 것에 익숙하다 보니 적극적으로 해결할 수 있는 기회를 잃었던 것이다.

아무리 좋은 기계라도 사용하지 않으면 녹이 슬고 낡아 제 기능을 못한다. 부부도 서로의 마음과 몸이 최상의 감각을 발휘하기 위해서는 잘 사용해야 하는 것이다. 이런 저런 핑계를 대면서 사용하지 않으면 기능은 점점 퇴행해서 마음먹은 대로 움직이지 않게 된다. 그로 인해 부부 관계에 자신감을 잃을 수 있다. 어쩌다가 관계를 갖는다 해도 불감증이나 성교통을 호소하는 경우도 많아 결국 성관계 자체를 기피하는 악순환에 빠진다.

성관계는 단순한 육체적 결합이 아니다. 두 사람이 몸과 마음을 열어 육체와 영혼이 하나 되는 아름다운 하모니를 이루는 것이다. 서로 만족하는 섹스를 하는 부부는 친밀감이 극대화될 뿐만 아니라 삶에 활력과 에너지가 넘쳐나게 된다.

섹스리스에서 벗어나는 방법

부부가 건강한 성관계로 가기 위한 방법들을 살펴보자.

첫째, 성관계에 대한 관점을 바꿔라

성관계는 부부가 친밀해지기 위해서 함께 누릴 수 있는 최고의 도구다.

성을 금기시하지 말자. 성은 두 사람의 몸과 마음을 하나로 연결하는 사랑의 징검다리라는 사실을 잊어서는 안 된다.

둘째, 성관계에 우선순위를 두어라

여기서 말하는 우선순위는 단순하게 성기를 삽입하는 행위를 의미하는 것이 아니다. 몸과 마음이 서로 교감하는 친밀감을 높이는 성관계를 말한다. 『사랑 그 이상의 결혼』의 저자 잭 메이홀은 부부생활에서 성관계의 불만족은 단순하게 이 문제로 끝나는 것이 아니라 다른 영역까지 악영향을 미친다고 말했다. 부부관계의 문제와 갈등 중 약 90퍼센트는 성관계의 불만족으로 인해 일어난다고 보았다.

생각해보자. 부부의 성관계를 시간으로 계산을 해본다면 아주 짧고 사소하다. 그러나 이 짧은 시간이 두 사람의 결혼생활에 치명적 손상을 줄 수 있다는 것을 알아야 한다. 혹자는 '성관계가 부부생활의 전부는 아니다'라고 말할 것이다. 그렇다. 하지만 성관계가 부부관계의 전부는 아니지만 성관계에 문제가 발생하는 순간 블랙홀처럼 모든 것을 집어삼킬 수 있다는 것이다.

셋째, 서로 다름을 인정하고 충분히 대화하라

천상의 배필이라 하더라도 두 사람의 DNA는 서로 다르다. 다시 말해 부부라는 것 외에는 전부 다르다. 성도 다르고, 기호와 기질도 다르다. 성호르몬에 따른 성욕도 다르고 성충동이나 성감대 또한 다르다. 서로의 다름을 인정하지 않고 자신의 욕구에 따라 일방적으로 행동한다면 분명 문제가 발생한다.

성관계는 몸과 마음이 하나 되고 서로의 깊은 감정이 표현되어 교감이 이루어지는 로맨틱한 대화이기 때문에 두 사람 모두 솔직한 대화가 무엇보다 중요하다. 어떤 방법으로 하는 것이 좋은지, 어떻게 해줄 때 더 만족하게 되는지 서로 소통해야 한다. 관계가 끝난 후에도 서로의 감정 등을 충분히 나누는 것이 두 사람을 더 깊은 관계로 이끄는 비결이다.

넷째, 매너가 생명이다

성관계는 룰이 필요 없다. 그렇다고 매너까지 없어서는 안 된다. 처음부터 끝날 때까지 배우자에 대한 매너를 지켜야 한다. 두 사람이 같은 마음으로 시작해서 함께 만족과 쾌감을 얻도록 서로 도와 친밀감과 감정교류가 이루어질 수 있도록 하는 것이 최고의 매너다.

남자는 사정을 하면 어느 정도의 쾌감과 만족을 얻을 수 있으나, 여자는 친밀감과 감정교류가 빠진 성관계를 더 이상 성관계로 보지 않는다. "애무하지 않아 쾌감을 주지 않는 성관계는 강간이다"라는 유대인 속담이 있다. 이 말을 꼭 기억해야 한다.

여자는 신체적 교감이 우선이다. 스킨십을 통해 충분한 교감이 이루어지면 몸이 열리면서 본격적인 성관계를 통해 만족을 얻는다. 부부가 함께 시작해서 같이 끝날 수 있도록 서로 배려하는 매너가 중요하다.

다섯째, 너무 바쁜 일상 때문이라는 핑계는 대지 말자

인류 역사에 요즘처럼 바쁜 때가 없었다. '눈코 뜰 새 없다'는 표현이 딱 맞는 세상살이다. 사업과 직장 일이며 각종 모임에 이르기까지 바빠도 너무 바쁘다. 하지만 가정생활에 해가 된다면 이것은 득이 아니라 실이 분명하다. 특히 바쁜 일과 회식 때문에 섹스리스가 된다면 이것은 안 될 말이다. '부부가 성관계에서 멀어지면 관계가 멀어지고 관계가 멀어지면 사랑도 멀어진다'는 사실을 기억해야 한다.

남녀의 차이에서 오는
성문제

이혼한 부부들의 이혼사유를 보면 성격 차이가 50퍼센트 이상을 차지하고 있다. 전문가들은 이것이 단순한 성격 차이라기보다는 상당수가 성문제에서 오는 갈등이라고 말한다.

사실 부부에게 성은 두 사람의 문제로 끝나지 않고 가정생활 전반에 부정적인 영향을 미치기 때문에, 욕구불만이 나타나면 적극적으로 대처하는 것이 바람직하다. 그러나 우리의 현실은 성문제에 대해서만큼은 드러내놓고 해결하려는 의지가 약한 것이 일반적이다. 전문가를 찾

• 왜 우리는 늘 다투는 걸까?

아가 도움을 받으면 쉽게 해결할 수 있는 문제임에도 소극적으로 대처하다 보니 적절한 때를 놓치고 후회하는 것이다.

현장에서 상담을 하다 보면 그 문제가 심각함에도 부부가 함께 상담실을 찾는 경우가 많지 않다. 남성보다는 여성이 찾아오는 비율이 훨씬 높다. 성문제는 특히 부부가 함께 전문가의 도움을 받아야 효과적이지만, 여성 홀로 찾아오는 경우가 훨씬 많다. 성에 대한 보수적인 문화가 한몫하고 있는 것이다. 따라서 조심스럽게 접근하면서도 좀 더 적극적인 자세로 해결해 나가는 것이 중요하다. 특히 부부간의 성문제가 어떤 원인으로 언제부터 시작되어 현재 부부생활에 어느 정도까지 문제가 되고 있는지 정확한 진단이 필요하다.

성문제는 한 번 발생하면 쉽게 해결되지 않는다. 시간이 흐르면 흐를수록 확산되기 때문에 예방이 최선의 치료임을 기억해야 한다. 예방주사 한 번으로 건강과 생명을 지킬 수 있듯이, 성교육이나 부부상담 등은 행복한 부부생활이 되도록 돕는 예방주사와 같은 역할을 한다.

남녀의 차이로 본 성

기혼 여성을 대상으로 결혼 만족도를 조사했는데, 출산과 양육이 시작되는 시기부터 불만이 시작되어 여러 증상과 갈등이 나타난다고 한다. 특히 여성의 불만은 성생활에 집중되어 있었는데, 그 내용을 보면 '전희나 애무 없이 삽입하는 것'과 '사전에 동의 없는 일방적인 성관계' 그리고 '배우자의 기분이나 마음을 배려하지 않는 무례한 태도'가 문제가 된다는 것이다.

자세히 살펴보면 남성들이 알고 있는 성 지식과는 차이를 보인다. 남성들은 테크닉을 중심으로 한 스킬과 힘을 강조하고 여기에 중점을 두는 것에 비해, 여성들은 성관계를 통해서 느끼는 정서적인 교감을 중요하게 여긴다. 상대를 존중하고 배려하는 태도를 가장 중요하게 여기고 있는 것이다.

과학계에서도 남녀가 행동이나 성적으로 뚜렷한 차이를 보인다는 점에 반론을 제기하지 않는다. 남성과 여성은 생물학적으로 차이를 보이기 때문에 이를 잘 알고 있는 것이 중요하다.

남성의 성

뇌에서 성관계를 담당하는 곳은 시상하부로 테스토스테론 호르몬이 성욕을 자극한다. 남성은 시상하부가 여성보다 클 뿐만 아니라 10~20배 많은 테스토스테론을 분비하기 때문에 장소와 시간에 구애를 받지 않고 성 호르몬이 분비된다. 이 호르몬은 공격적인 면이 강해 남성이 사냥을 통해 식량을 확보하고, 생존에 위협적인 적을 공격해서 물리치는 등 인간의 생존에 크게 기여했다.

그러나 이 호르몬의 영향으로 남성은 성공을 위해서라면 가족의 희생마저도 당연시하는 경향을 보인다. 성공을 위해 피 말리는 경쟁을 하기도 하고 과도하게 힘을 사용해 상대방에게 피해를 주는 것도 당연하게 여긴다. 특히 호르몬이 왕성하게 분비되는 청소년들이 쉽게 반사회성 범죄에 자주 연루되는 이유가 바로 이 때문이다. 학교에서 심각한 갈등이 일어난 경우, 남학생들은 문제를 해결하기 위해 공격적인 방법(언어 폭력, 신체적 폭력)을 사용한 반면 여학생들은 대화를 통한 협상을 최우선으로 선택하는 이유도 이와 같은 측면에서 설명할 수 있을 것이다.

여성의 성

이에 반해 여성은 시상하부가 남성보다 작을 뿐만 아니라 이것을 활성화시켜주는 테스토스테론의 양도 아주 적다. 따라서 남성에 비해 성적인 충동이 적다. 여성 호르몬인 에스트로겐은 신경세포가 더 잘 연결될 수 있도록 도와준다. 따라서 대체적으로 여성은 자녀를 양육하고 집안 살림을 하는 등 가족을 위한 일을 하는 데 섬세한 면이 있다.

우뇌가 발달한 여성은 정서가 풍부하기 때문에 배우자와 애정 어린 대화나 선물, 그리고 마음을 표현하고 함께 나누는 것을 좋아한다. 반면에 남성은 신체적으로 산이나 들에서 사냥이나 일을 하기에 적합하다. 목표가 정해지면 고도의 집중력을 발휘해 원하는 결과를 얻기 위해 온 에너지를 쏟는다.

남녀 사이의 차이를 존중해야 한다

이처럼 부부가 남녀 사이의 생물학적 차이를 인정하지 않거나 행동을 이해하지 않으면 크고 작은 갈등과 오해가 일어나게 된다.

여성은 아이를 출산하고 양육하는 과정을 거치면서 섬세함과 따뜻함을 가진 존재로 성숙하게 된다. 따라서 아내는 남편에게 애정표현이나 마음을 나눌 수 있는 대화를 원한다. 출산과 양육으로 힘든 상황에서도 배우자의 애정 어린 말 한마디가 모든 피로를 해결해주는 피로회복제가 되는 것이다. 아내의 수고와 애정표현에도 불구하고 남편이 반응하지 않으면 아내는 남편이 자신을 더 이상 사랑하지 않는 것으로 판단해 실망한다.

남성과 여성은 성에 대한 생물학적 반응에서도 차이를 보인다. 남성은 시각적인 정보에 민감하다. 성적 자극을 일으키는 누드모델 대부분이 여성이고, 말초신경을 자극하는 미디어 광고 역시 여성이 모델인 경우가 많은 것을 보면 남성이 시각에 민감하게 반응을 보인다는 것을 알수 있다.

하지만 여성은 남성과 달리 직접적인 성적 자극보다는 애정이 담긴 대화나 정서적 표현 등 주로 관계적인 측면에 더 우선순위를 둔다. 또한 여성은 시각에 반응하기보다는 청각이나 촉각에 좀 더 민감한 반응을 보인다.

남녀가 꼭 알아야 할 일반적인 차이

남성는 성적 욕구를 통해서 서로의 사랑을 확인하려는 특성이 있는 것에 비해, 여성은 상대방에게 사랑받고 있다는 마음과 느낌이 충족되어야 성관계로 이어진다. 남성은 성관계를 통해서 정서적 만족과 친밀감을 얻는다. 상대방에 대한 정보가 부족할지라도 성관계 후에 하나하나 알아 가면 문제 없다는 생각이 있기 때문이다. 그러나 여성은 정반대다. 만족할 만한 성관계를 하기 위해서는 상대방에게 '사랑받고 있다'는 확신과 함께 상대방에 대한 신뢰와 정서적인 안정이 뒷받침되어야 한다. 남성이 금방 뜨거워졌다가 쉽게 식어버리는 냄비라면, 여성은 서서히 뜨거워지고 그 열기가 오래가는 가마솥에 비유할 수 있다.

남성들은 여성에 대한 배려나 무엇을 원하고 좋아하는지에 대한 기본적인 정보가 거의 없다. 더 큰 문제는 자세히 알려고 하지도 않는다는 점이다. 자신의 생각이나 경험했던 대로 직접적인 자극을 원하며, 동시에 사정에 이르면서 성관계의 절정에 이른다. 자신이 원하는 대로 급하게 여성을 몰아가는 것이다.

반면에 여성은 세심한 배려에서 나오는 전희나 애무를 대체적으로 원한다. 상대방을 존중하면서 부드러운 손길로 애무해주거나 마음을 읽어주는 따뜻한 대화를 더 좋아하는 것이다. 여성은 감성적 공감이 우선되어야 마음의 문이 열린다. 아무리 잘생기고 조건이 좋은 남성이라 하더라도 예의에 어긋나면 바로 아웃인 것이다.

● 성생활, 부부관계의 윤활유

"실패라는 것은 성공하지 못했지만 도전했다는 반증이다. 실패할지라도 계속 도전하자. 이렇게 해서 부부관계가 건강해지면 이보다 더 좋은 일이 어디 있겠는가!"

7부

힘내라 대한민국!
부부가 답이다

뉴스와 이슈로 본
세대별 부부

우리 사회가 점점 살기 힘들어지고 있다. 그 단편적인 예로 높은 자살률을 들 수 있다. 우리나라 자살률은 2012년 기준 인구 10만 명당 29.1명으로 OECD 평균(12.1명)에 비해 2배 이상 높은 것으로 나타났다. 2011년 33.3명에 비해서는 감소했지만 자살률 1위 국가라는 불명예를 10년 연속 안았다. OECD 회원국 중 자살률이 가장 낮은 국가는 터키(1.7명)로 우리나라의 30분의 1 정도밖에 안된다(OECD Health Data 2014).

자살률뿐만 아니라 이혼율도 높은 수치를 보인다. 최근 통계청이 발

● 왜 우리는 늘 다투는 걸까?

표한 '2014년 혼인·이혼통계'에 따르면 혼인건수는 30만 5,500건이었고 이혼건수는 11만 5,500건으로 3쌍 중 1쌍이 이혼을 한 셈이다. 점점 가족이 해체되고 있는 것이다.

요즘처럼 사회가 불안정하고 각종 문제와 사건이 불거질 때, 이 문제를 해결할 열쇠는 가정에 있다. 문제해결의 주체는 부부가 되어야 한다. 건강한 사회를 이루는 데 부부가 중요한 이유는 '한 가족을 세워가는 중심축인 동시에, 건강한 사회를 이루는 필수 자원'이기 때문이다. 부부가 행복하면 가정 또한 행복하다. 어떠한 위기가 온다 하더라도 문제를 극복할 수 있는 힘이 있다.

이렇게 중요한 부부들의 주요 관심사는 무엇일까? 세대별 부부들의 특징과 관심사를 살펴보자.

30대 부부_ 건강한 2세 위한 계획 세우기

우리나라의 경우 학업과 사회활동으로 인해 결혼과 출산 연령이 점점 높아지고 있다. 이로 인해 여러 문제가 발생할 수 있기 때문에 전문가의 도움을 받는 것이 중요하다. 임신 계획이 있다면 최소 3개월 전부터 엽산을 복용하자. 또 부부가 함께 운동을 시작해 체중과 기초 대사량을 체크하고, 담배는 두 사람 모두 끊어야 한다.

또한 심리적인 요인도 크게 작용하기 때문에 부부가 서로 가벼운 스킨십을 자주해 심신의 안정을 도모해야 한다. 스트레스는 쌓아두지 말고 바로 처리할 수 있는 방법을 찾아 함께 풀어주어야 한다. 출산이 가까워질수록 초조하고 불안하기 때문에 전문의의 도움을 받아 밝고 긍정적인 마음을 가질 수 있도록 해야 한다.

아내는 임신하는 순간부터 성생활에 소극적일 수 있어 서로의 배려가 중요하다. 임신 후 9개월까지는 건강한 성생활이 태아의 정서에 도움이 되기 때문에 가볍게 즐기는 것도 좋다. 출산이 가까워지면 가벼운 포옹이나 마사지를 해주는 특별한 시간을 자주 가지면서, 심리적으로 불안한 아내에게 안정을 주도록 노력하자.

젊은 여성의 경우 심한 다이어트로 생리가 중단될 수 있는데 3개월 이상 지속될 경우 전문가의 도움을 받아야 한다. 젊은 부부라도 피임을 하지 않고 정상적인 성생활을 하는데도 1년 이내에 아기가 생기지 않는다면 난임을 의심해보아야 한다. 난임이라는 진단을 받았다 하더라도 부부가 힘과 마음을 모으면 충분히 해결할 수 있다. 부부가 함께 다독이며 마음을 추스르고 원인에 따른 치료 방법을 찾아 함께 노력하는 것이 중요하다.

그렇다면 임신한 아내를 위해 남편은 어떤 준비를 해야 할까? 아빠가 된다는 것은 인생에 있어 가장 황홀하면서도 한 번도 경험해보지 못한 특별한 일이니만큼 언제나 아내 곁에서 힘이 되어주는 것이 가장 중요한 일이라 하겠다. 회사생활을 하다 보면 '회식도 직장생활의 연장'이라고 생각해서 빠져나오는 것이 쉽지 않지만, 힘들어하는 아내 위해 조금 일찍 귀가하는 노력이 필요하다.

남성들이여! 이것저것 힘든 일이 많다는 것은 알고 있다. 하지만 임신한 아내와 배 속에 있는 자녀를 생각한다면 우선순위는 이미 정해진 것 아닌가!

40대 부부_ 권태기, 작은 관심 갖기

40대는 자녀 교육과 사회생활에 에너지 소비가 최고조에 달하는 시기다. 가정에서는 자녀 뒷바라지에 눈코 뜰 새 없이 바쁘고, 사회에서는 온갖 일로 분주하다 보니 부부가 서로 챙기고 관심을 써주는 일에 소홀하게 된다. 어느 중년 부부는 상담에서 "서로 얼굴 보기도 힘들어요. 뭐가 이렇게 바쁜지. 솔직히 말하면 서로 점점 멀어지는 느낌이 들어 이렇게 살아도 되는지 생각할 때가 있어요"라고 말했다.

이렇게 눈코 뜰 새 없이 바쁘고 분주할수록 작은 것에 관심을 가지고 서로 챙기는 센스가 필요하다. 바쁜 중에도 배우자의 마음을 얻으려면 배우자가 원하는 것을 먼저 베풀어야 한다. 그러면 내가 원하는 것도 쉽게 얻을 수 있다.

부부가 서로의 관심 밖에 있는 것처럼 슬픈 일 또 있겠는가? 부부가 관심 속 주인공이 되어 권태기를 이기는 방법으로는 애정이 담긴 질문이 효과적이다. 남편은 아내가 살림을 하면서 어떤 것이 힘들었고,

문제가 된 것은 무엇인지 질문하면 된다. 반대로 아내는 회사에서 수고한 내용을 묻거나 어려웠던 것은 없었는지, 도와줄 일은 없는지 물어보면 된다. 현재 어떤 문제로 고민하고 있는지, 자녀와 갈등은 없는지 등도 진심을 담아 물어보면 의외의 효과를 볼 수 있다. 그러나 상대방이 어려워하거나 부담스러워하는 느낌이 들면 가벼운 주제로 화제를 바꾼 후에 나중에 알아 보면 된다.

40대는 일에 몰입하는 시기이기 때문에 서로 잘 살펴야 한다. 과중한 일로 녹초가 되어 집에서 손가락 하나 까딱하지 못하는 상황이 된다면 '일'과 '가정'에 대한 우선순위를 정리할 필요가 있다. 사실 일과 가정은 40대 부부에게 모두 소중하다. 우선순위를 정한다는 것 자체가 어려운 일이지만 균형을 맞추려고 노력해야 한다. 평일에는 일과 사회생활에 몰두할 수 있도록 배려하고, 주말에는 절대 일을 하지 않고 가족을 위해 시간을 쓰겠다는 다짐이 필요하다.

이렇게 과로로 몸을 혹사하다 보니 40대 돌연사가 급증하고, 심혈관계 질환을 포함한 성인병의 유병률이 가파른 상승세를 보인다. 건강의 적신호는 부부관계에도 치명적인 영향을 미친다. 몸이 예전 같지 않고 스트레스도 쌓이다 보니 심리적으로 위축이 되어 고개 숙이는 남성이 늘어나고 있다. 여성의 경우 심신이 피곤하고 마음에 여유가 없어 성관계 중에 통증을 호소하는 경우가 많아지고 있다. 이런 문제는 삶의 질을 낮추기 때문에 부부가 속마음을 풀어내는 자리를 자주 만들어야 한다.

50대 부부_ 갱년기 체크하기

갱년기란 인체가 성숙기에서 완숙기(노년기)로 접어들면서 호르몬의 변화로 인해 신체 기능이 저하되는 시기를 뜻한다. 갱년기가 여성과 관계가 높다고 생각하기 쉬우나 남·녀 모두에게 나타나는 신체적 증상이다. 남성의 경우 남성 호르몬인 테스토스테론이 감소하면서 성기능이 감퇴되고 발기에 문제가 생긴다. 여성의 경우 여성 호르몬 분비의 저하로 월경이 중단되는 완경(폐경보다는 건강하게 완주했다는 의미를 담고 있다)이 되면서 여러 신체적 증상이 나타난다. 생리적 변화는 완숙기로 접어들지만, 급격한 신체적 변화로 인해 정서적으로는 불안한 시기라는 점을 깊이 이해해야 한다.

여성 호르몬의 급격한 감소는 신체적·정신적으로 여러 증상을 동반한다. 심혈관계 증상으로 얼굴이 빨개지고 화끈거리는 안면홍조가 나타난다. 또한 가슴이 두근거리거나, 덥다가 추운 상황이 반복되는 증상은 대표적이라고 할 수 있다. 신경계 증상으로 자신감이 떨어지고 감정의 기복이 있는 우울감과, 잠을 제대로 못자는 수면장애, 집중력과 기억력이 떨어지는 건망증이 나타난다. 비뇨기계 증상으로는 성관계 시 통증이 생기고 방광 기능이 저하되어 요실금이 나타나기도 한다.

남성의 갱년기는 여성과 달리 40대 중반 이후에 증상이 서서히 나타나는 경우가 많다. 남성도 여성과 마찬가지로 신체적 증상도 있지만 그보다 정서와 심리에 큰 변화가 생긴다. 사소한 일에 짜증을 내고, 의욕과 자존감이 현저히 떨어지면서 우울감에 무기력감까지 생겨 사회생활에 어려움을 호소하는 경우도 발생한다.

이 시기에는 배우자의 육체적·심리적 변화에 대해 이해하고 적응하려는 노력이 그 어느 때보다 중요하다. 갱년기는 여성과 남성 모두에게 나타나는 자연스러운 현상이며 완숙기로 들어가는 시기라는 점을 서로 이해하고, 육체적·심리적으로 크게 불안정한 시기인 점을 감안해 서로 자극하지 않도록 배려해야 한다. 특히 감정의 기복이 심해져 작은 일에도 신경이 예민해진다. 서로 대화를 통해 서로의 감정 상태를 공유하고 건전한 취미생활을 함께한다면 50대를 건강하게 보낼 수 있는 길이 열린다.

60대 부부_ 행복한 성생활 유지하기

성욕은 인간의 기본적인 욕구 중 하나로 60세 이상의 노년에게도 자연스러운 일이다. 부부가 건강할 경우 90세까지 앞으로 30년을 함께 살아야 한다. 99세까지 팔팔하게 살자는 '9988운동'처럼 장수를 하더라도 질병 없이 건강하게 살기 위해서는 노년의 성생활이 중요하다고 할 수 있다.

노년기의 규칙적인 성생활은 건강한 신체 리듬을 유지하는 데 도움을 준다. 또한 신체의 노화와 성기능의 퇴화를 지연시켜 삶의 활력과 자신감을 가져다주는 중요한 역할을 한다. 뿐만 아니라 자신의 몸에 대해 자신감을 가지는 자세와 배우자에 대한 격려를 아끼지 않는 마음은 삶의 의욕을 높여 정서적으로 안정감을 준다.

노년의 행복한 성생활을 유지하기 위해서는 60세 이후가 되면 나타나는 신체적 변화에 대해 자연스럽게 받아들이고, 서로 몸에 맞는 성생활을 찾아서 적용하려 노력해야 한다. 사실 노년기의 부부관계는 젊은 시절에 비해 그 기능이 현저하게 떨어지기 때문에, 정서적인 교류와 친밀감을 높이는 다양한 방법을 통해 건강한 관계를 유지해야 된다.

나이가 들었다고 해서 심리적으로 위축이 되거나 성생활을 부끄럽게 여겨서는 안 된다. 부부가 적극적으로 노력한다면 얼마든지 아름다운 부부관계를 이룰 수 있다.

관계 딜레마에 빠진
대한민국

"이제부터는 좀 내려놓고 쉬엄쉬엄 갔으면 좋겠어요. 너무 앞만 보고 열심히 달리기만 했나 봐요. 훈장처럼 남은 것은 병든 육체와 너덜너덜 만신창이가 된 마음뿐이에요."

"난 지금까지 나 혼자라고 생각했어요. 내 주변엔 아무도 없고 이 세상에 나 홀로 남겨졌다는 두려움에 수면제를 먹지 않으면 잠을 잘 수 없었죠. 그런데 오늘, 제 주변에 이렇게 많은 친구들이 있었구나 하는 생각이 드니 부자가 된 느낌이에요."

부부세미나에 참석한 부부가 자신이 걸어온 삶에 대한 회한을 토해내자 장내는 숙연해졌다. 참여한 부부들은 마음이 서로 연결되기라도 한 것처럼, 힘들고 어려웠던 자신의 상황을 여러 사람들 앞에서 고백하는 용기를 뜨거운 눈물과 아낌없는 박수로 응원해주었다.

인간관계, 그 치명적인 어려움

인간관계는 우리 삶에 중요한 영역을 차지한다. 사람은 누구나 태어나 죽을 때까지 타인과의 관계 속에서 서로 마음을 나누며 산다. 사람이 환경에 대한 적응력과 문제해결 능력이 탁월한 이유도 서로서로 돕고 힘을 모아 함께 문제를 극복하는 지혜가 있기 때문이다. 때로는 생존하기 위해서, 때로는 나답게 살아가기 위해서 타인과 서로 상호작용하지 않으면 안 된다.

우리나라처럼 짧은 시간에 큰 변화를 겪은 나라일수록 혼란스러운 부분이 분명히 있다. 그 대표적인 문제가 바로 관계의 어려움이다. 대가족에서 핵가족으로 바뀌면서 그에 따른 영향도 있지만, 급격한 사회화로 인해 인간다움보다는 경제논리를 더 중시하는 문화도 한몫을 한다. 옳은 일과 마땅히 행해야 할 것을 가르치고 어떤 삶을 살아야 하는지 따져보고 함께 고민하는 성숙한 문화가 아닌, 인간다움보다 돈을 앞세워 잘사는 편을 선택했다. 이런 아픈 역사를 더 이상 되풀이해서는 안 된다.

우리 사회는 하루가 다르게 다원화되어가면서 모두 바쁘게 살아가고 있다. 서로 바쁘게 살아가다 보니 사업상 꼭 만나야 할 사람 외에는 관계가 멀어지고 있다. 그래서 현대인들이 공통적으로 겪는 마음의 병이 '외로움'이다. 주변에 사람은 넘쳐나지만 진정 마음을 나눌 친구가 없어 고독한 것이다. '혼자라서 외롭다', '의지하고 믿을 만한 사람이 없다', '나를 알아주거나 인정해주는 사람이 없다' 등 부정적인 감정은 고독을 넘어 심각한 우울 증세을 보이기도 한다.

예전처럼 서로 만나 얼굴을 마주 보면서 대화를 하던 일상이 점점 사라지고, 정보통신 장비를 이용한 대화가 주류를 이루고 있다. 회사에서는 업무 효율성을 높이기 위해 메신저를 활용한다. 이 때문에 업무 강도가 높아졌고, 스트레스를 받는 사람들이 증가했다. 그러면서 '메신저 피로증후군' 혹은 '메신저 강박증'이라는 신조어도 생겼다. 이들은 식사를 하거나 차를 마실 때는 물론이고 퇴근 후나 휴일에도 스마트폰을 손에서 놓는 일이 거의 없다.

각종 통신 장비의 발달로 쉽게 연락을 주고받을 수 있고, 정보의 흐름 또한 빨라졌다. 하지만 진정한 의미의 대화는 오히려 줄어들었다. 만나서 대화를 하더라도 피상적인 수준의 대화에 그치기 때문에 오히려 인간관계에서 고립을 초래할 수 있다. 마치 홍수에 먹을 물이 없는 것과 같다.

사람들은 "사람은 사회적 존재이기 때문에 인간관계 능력은 타고 나는 것이 아니냐?"라고 묻는다. 결론부터 말한다면 꾸준히 연습하고 훈련하면 인간관계를 좋게 만들 수 있다. 그래서 최근 우리 사회는 인간관계에서 생기는 어려움에 좀 더 잘 대처하기 위해 각종 훈련과 프로그램을 만드는 등 노력을 기울이고 있는 것이다.

집착에 빠진 대한민국

여기 부정적 관계에서 오는 또 하나의 심각한 문제가 있다. 바로 '집착'이다. 특히 서로에 대한 관심이 지나쳐 배우자를 꼼짝 못하게 통제하고 있으면서도 '이건 당신을 향한 내 사랑이야!'라고 말하는 부부가 늘고 있다. 사랑이라는 이름으로 배우자를 구속하고 속박하는 것이다. 부부는 서로 사랑하기 위해서 결혼을 한 것이지, 상대방을 구속하기 위해서 결혼한 것은 아니지 않은가?

집착은 사랑의 또 다른 모습이 아니라 관계를 파괴하는 부정적인 행위다. 그런데 많은 사람들이 집착을 '나를 정말 좋아하고 있구나', '나를 미치도록 사랑하는구나'라고 착각하고 있다. 집착이 강한 사람은 자기주장이 세서 상대방이 자기 뜻대로 하지 않으면 화를 낸다. 혹여 눈 밖에 나면 좋은 감정은 모두 사라지고 원망과 증오가 올라와서 상대방을 공격한다. 내가 당신을 좋아하는 만큼 당신도 나를 좋아해주길 바라는데, 그렇지 않으면 강한 분노가 일어나는 것이다.

집착은 상대방에 대한 과도한 기대에서 온다. 배우자에 대한 과도한 기대나 환상을 내려놓고, 배우자를 있는 그대로 좋아하고 인정할 때 집착이라는 굴레에서 벗어날 수 있다. 남편을 있는 그대로 받아들여야 하는 것이지, 남편이 사회적으로 이룬 성과나 재물 등에 마음을 빼앗기면 사랑이 아니라 집착이 될 수 있다. 남편 또한 아내를 있는 그대로 사랑해야지 아내가 가지고 있는 어떤 조건에 과도한 기대를 하면 집착에 빠질 수 있다.

집착하는 사람은 단 한순간도 마음에 평안이 없다. 결혼생활의 진정한 목적이 무엇인가? 바로 행복이 아닌가? 그런데 집착을 하는 순간 행복은 떠나고 그 자리에 다툼과 갈등만 남게 된다.

모든 것이 내 탓이오

집착하는 사람의 또 다른 특징은 '남 탓'을 한다는 것이다. '당신과 사느니 차라리 혼자 사는 것이 낫겠다', '당신 때문에 더 이상 못살겠다'는 말을 자연스럽게 한다. 결혼 전에는 '당신 없이는 못 산다'며 열정적인 사랑을 보여주던 그 사람이, 배우자를 배려하거나 이해하지 못하고 채워도 채워지지 않는 야욕의 사랑을 하고 있는 것이다. 이런 경우 사소한 문제라도 그 원인과 결과를 배우자 탓으로 돌리기 때문에, 시간이 흐르면 흐를수록 문제의 중심에서 벗어나 결국 배우자에 대한 원망과 불평만 남게 된다.

생각해보자. 사람은 잘 바뀌지 않는다. 내 습관 하나를 고치는 데도 많은 시간과 에너지가 들어가고, 결국 고쳐지지 않는 경우도 많다. 그런데 배우자를 내 뜻에 맞게 고치겠다고 하는 것은 계속해서 '당신 탓'을 하면서 살겠다고 선언하는 것과 같다. 이렇게 상대방을 탓하면서 불평을 한다는 것은 계속해서 문제를 만들겠다는 것과 다르지 않다.

이제는 모든 것이 '내 탓'이요, 이 모든 것이 '당신 덕분'이라고 말해보면 어떨까? 열 쌍이 결혼해서 네 쌍이 이혼을 한다는 우리나라가 '내 탓, 네 덕'이라고 말하는 작은 문화로 인해 건강한 사회가 되었으면 하는 바람이다.

사랑한다면
적당한 거리를 두자

사람은 누구나 타인과 구별되는 가치관과 성격을 갖춘 독립된 인격체로 존중받을 권리가 있다. 갓 태어난 아이는 전적으로 양육자에게 의존하지만, 점차 성장하면서 자기 자신의 정서적 자주성을 위해 양육자와 분리되는데 이를 분화라고 한다. 건강한 분화를 위해 필수적인 요소가 바로 경계선이다.

경계선은 자기분화라고도 한다. 이를 통해서 사고와 정서를 분리시킬 수 있는 능력이 나타난다. 동물의 세계를 보면 어린 새끼는 어미와

● 왜 우리는 늘 다투는 걸까?

무리의 도움을 받다가 어느 정도 자라면 어미와 무리에서 분리된다. 그 후 독립해 또 하나의 무리를 이루는데, 무리와 무리의 경계가 뚜렷해서 다른 무리의 영역에 들어가면 목숨을 건 싸움이 벌어진다. 이처럼 치열한 싸움을 하지 않기 위해서는 영역표시가 무엇보다 중요하다. 이를 통해서 자신도 보호받고 다른 무리와 경쟁을 줄일 수 있다. 영역을 표시하는 행위는 생존하기 위해서 그들만의 경계선을 만드는 것이다.

부부간에도 자기만의 공간이 필요하다

사람도 생존하기 위해서는 나만의 공간이 필요하다. 이러한 공간은 물리적인 영역뿐만 아니라 심리적인 영역에서도 필요하다. 이러한 영역은 나와 타인의 관계와 상황에 따라서 본인 스스로 결정하게 된다. 어느 정도의 영역을 허용하고 내가 어느 선까지 인정해주느냐에 대한 결정은 전적으로 내 몫이다. 이것을 '경계선'이라고 한다.

경계선이 필요한 이유는 사람은 누구나 자기만의 독특한 세계를 원하고 있으며, 자기만의 비밀스러운 장소에서 편히 쉬고 싶어 하기 때문이다. 경계선이 제대로 형성되면 나와 타인과의 관계에서 내가 허용하고 싶은 만큼의 나의 영역과 상대방의 영역에 대한 분명한 인식이 생긴다. 따라서 자기를 보호할 수 있고 또 다른 사람도 보호하며 존중할 수 있다. 그러므로 자신을 위해서나 타인을 위해서도 경계선을 적절하게 유지하는 것이 좋다.

반대로 자신의 경계선을 세울 수 없는 사람은 다른 사람들이 자신에게 상처를 주어도 그것을 방어할 힘이 없어 상처를 그대로 받는다. 상처를 받고 끝나는 것이 아니라 타인의 경계선을 침범해서 타인에게 해를 끼치는 악순환을 반복하게 된다.

경계선이 지나치게 경직되면 아무도 내 영역에 들어오는 것을 허락하지 않고 또 다른 사람의 영역에도 들어가려하지 않기 때문에 자기를 타인에게서 소외시키는 결과를 초래한다. 반대로 이 경계선이 너무 느슨하면 다른 사람이 나의 영역에 부적절한 방법으로 들어오는 것을 막지 못하거나 다른 사람의 영역으로 쉽게 들어가 사생활을 침해하게 된다. 따라서 부부관계에서도 심리적·인지적·물리적으로 건강한 경계선이 반드시 필요하다.

이 경계선이 부부관계에서는 잘 지켜지지 않는다. 부부는 일심동체라는 논리를 잘못 해석해서 남편이나 아내의 모든 것을 서로 공유해야 한다고 착각을 하는 것이다. 배우자의 휴대전화나 개인 메일을 본다든지, 배우자의 행동에 일일이 간섭하면서 조종하려 하는 것은 사랑이라는 미명 아래에서 하는 인격 침해다.

부부간에도 본인의 영역과 두 사람이 친밀함을 느끼고 서로 공유하는 영역이 별도로 있어야 한다. 지나치게 경직된 경계선은 친밀감을 형성하는 데 문제가 되고, 너무 밀착된 관계는 상대방을 숨 막히게 하거나 답답하게 하기 때문이다.

● 왜 우리는 늘 다투는 걸까?

자녀에게 영향을 주는 경계선

부부 사이에 경계선을 제대로 지키지 않아서 해결되지 않은 문제는 자녀와의 관계로 이어진다. 경계선이 분명하지 않은 부모는 자녀가 개인적인 비밀을 갖는 것을 용납하지 못한다. 자녀가 자기만의 공간에서 비밀을 간직하고 싶어 하는 것은 이제 어느 정도 성장해 부모의 그늘에서 벗어나 자기만의 세계를 구축한다는 뜻이다. 그런데 경계선이 제대로 확립되지 않은 부모는 자녀의 이러한 행동을 배반으로 여기면서 분노한다.

건강한 부모는 부부간의 경계선을 잘 구축해 자녀를 사랑으로 양육할 뿐만 아니라 자녀를 부모의 부속물이 아닌 하나의 독립된 인격체로 인정한다. 그리고 부모를 떠나 건강하게 독립할 수 있도록 도와준다. 자녀의 가치관과 뜻을 존중하지 않은 채 지나치게 부모가 간섭하거나 무리한 요구를 하면 자녀만의 색깔이나 가치관, 생각이나 느낌에 대한 분명한 확신이 없어진다. 이렇게 되면 타인과의 관계에서도 자기만의 색깔이 없어 어느 것이 좋고, 무엇을 해야 하는지 불분명하게 된다.

사람은 모두 타인과는 구별되는 독립된 개체이기 때문에, 타인과 구분되는 것을 통해서 자신의 정체성을 유지할 수 있다. 이 경계가 불분명하거나 모호해지면 타인에게서 자신을 보호하기 어렵다. 또한 환경의 변화에서 오는 충격에 적절하게 대처하기 어렵고, 문화적 접촉이나 다양한 상황을 받아들이는 데 제한적일 수밖에 없다.

이러한 경계선 침범은 다양한 형태로 나타나기 때문에 주의해야 한다. 자녀를 존중하라는 것은 무조건 자녀의 모든 행동을 받아들이거나 인정하라는 뜻이 아니다. 인정할 수 있는 것과 허용하지 못하는 것을 구분해야 한다. 지나친 방임은 자녀의 적절한 경계선을 허무는 것이고, 과보호는 자녀가 스스로 할 수 있는 능력을 제한하는 것이기 때문에 적절하지 않다.

또한 다른 아이들과 비교하면 자존감이 떨어져 열등감이 생기고, 지나치게 기대하면 자녀에게 심리적 부담감을 준다. 이런 행동들은 자녀의 심리를 위축되게 해 건강하게 경계선을 형성하는 것을 힘들게 한다.

경계선을 갖추기 위해 노력해야 할 것들

부부가 건강한 경계선을 갖추기 위해서는 시간과 훈련이 필요하다. 이에 대해서 간략히 알아보자.

첫째, 건강하게 경계선이 유지되고 있는지 확인해야 한다
경계가 불분명하면 자신의 욕구나 감정을 제대로 표현하거나 해소하지 못하기 때문에 문제가 된다. 뿐만 아니라 서로 밀착되고 예속되어 있으면서 건강했던 관계에 틈이 생겨 멀어지거나 병리적인 관계로 빠지게

● 왜 우리는 늘 다투는 걸까?

된다. 경계선이 건강한 부부는 사랑과 신뢰라는 든든한 터 위에 집을 세우는 것과 같다. 서로 구속하거나 간섭하지 않고 인격적인 존재로 존중해준다.

부부라는 하나의 공동체 위에 서로 다름에서 오는 독립된 가치관을 인정해주고 뜻과 생각을 스스럼없이 표현하도록 해야 한다. 부부가 서로 힘을 모아야 되는 일에서는 일심동체를 이루면서도, 취미나 사생활 면에서는 적당한 거리를 두어 서로 구속하지 않는다면 이보다 좋을 수는 없다.

둘째, 자존감을 세워야 한다

어려운 문제를 만나거나 예기치 않은 환경이 되면, 본인 스스로 자신은 능력이 없어서 해결할 수 없다고 포기하는 경우가 생긴다. 이런 배우자에게는 자신에 대한 믿음을 갖도록 도와주어야 한다. 이를 위해서는 두 사람의 신뢰가 무엇보다 중요하다. 배우자에게 받은 신뢰가 쌓이면 자신을 믿고 사랑하게 되지만, 두 사람의 신뢰가 무너지면 자신을 믿고 사랑하는 일이 어려워진다. 문제가 생겼을 때 반복해서 도와주면 문제를 쉽게 해결할 수 있겠지만 계속해서 의지하게 될 수도 있다. 본인의 자원을 가지고 본인 스스로 문제를 해결할 수 있는 힘이 곧 자존감을 세우는 긍정의 에너지가 된다.

셋째, 부부가 서로 성장에 초점을 맞추고 노력해야 한다

현재 드러난 문제에 초점을 맞추면 서로에게는 큰 상처를 주게 되고 낙심하게 된다. 현재의 고난은 부부가 건강하게 살아가는 데 필요한 과정으로 생각하고, 서로 성장한 모습과 인격에 초점을 맞추는 것이 중요하다. 성장 가능성에 초점을 맞추면, 현재 일어나고 있는 작은 갈등은 더이상 문제의 걸림돌이 되지 않고 두 사람 관계를 더욱 돈독하게 하는 디딤돌이 될 것이다.

부부, 평생 배우는
배우자

"난 딱 보면 알아. 당신이 무슨 생각을 하고 있는지 말이야."

연애시절이나 신혼 초에 상대방과 대화를 하면서 누구나 한 번쯤은 해본 말일 것이다. 상대방이 나에 대해 어떤 사람이고, 어떤 생각을 하며, 무엇을 좋아하고 싫어하는지 줄줄이 꿰고 있어서 은근히 기분이 좋고 행복하던 시절이다. 결혼해서 함께 살다 보면 상대방을 더 많이 알고 마음도 깊어질 것이라고 기대해보지만, 현실 속 부부생활은 녹녹치 않은 것이 사실이다.

"당신이란 사람, 정말 이해할 수가 없어. 아니, 무슨 생각으로 이렇게
했는데!"
"내 마음 모르겠어? 왜 진심을 말해도 믿지를 못해!"

결혼을 하면 말이 이렇게 바뀐다. 달라도 이렇게 다를 수가 있는가?
사람이 바뀐 것도 아니고 특별히 환경이 더 변한 것도 아닌데 말이다.

부부는 서로 잘 모른다

우리 부부의 경우가 그랬다. 서로에 대해서 진지한 태도로 알고자 하지
않았다. 주어진 삶을 주체적이고 성실하게 살면 된다고 생각했기 때문
에 서로에 대해서 깊이 알아야 한다고 생각하지 못했던 것이다. 늘 함
께 살고 있으니까 아내에 대해서는 당연히 알고 있다고 생각했던 것 같
다. 크고 작은 의견 차이부터 못마땅한 생활습관과 서로 다른 마음에
이르기까지 시간이 흐르면 흐를수록 갈등은 깊어지고 관계는 어긋나,
대화 자체가 어려운 상황에까지 이르렀다.
　그 이유를 상담을 공부하면서 알았다. 나 자신이 아내에 대해서 의
외로 모르는 것이 많았다는 사실을 말이다. 서로에 대해 깊이 알려고

하지 않았으니 당연한 결과였다. 지나온 세월, 모르면서 아는 체했던 나 자신에게 화가 났고, 아내에게 미안한 것은 이루 말할 수 없었다.

대부분의 부부들이 한 가정을 이루어 함께 살고 있으니 배우자에 대해서 당연히 많이 알고 있다고 생각하겠지만 실상은 그렇지 않다. 생각하는 것보다 서로에 대해서 잘 모르고 있다.

한 가정의 출발은 남녀가 사회에서 법률이나 관습으로 인정하는 결혼을 통해서 이루어진다. 결혼을 통해 지금까지 성장하고 생활을 했던 원가족을 떠나 새로운 가족 형태를 구성하면서 새로운 인생을 시작한다. 진정한 의미에서의 결혼은 '부모를 떠나 둘이 연합해 한 몸을 이루는 것'이라는 성경의 가르침대로, 성숙한 부부는 기존의 공동체인 원가족에서 분화되어 새로운 부부공동체를 이루어야 한다. 여기에서 말하는 연합은 종이 두 장을 아교로 붙이는 것으로 '달라붙다'라는 의미가 담겨 있다. 이는 인위적으로 떨어질 수 없다는 것을 내포하고 있다.

아는 것이 적으면 사랑하는 것도 적다

인류 최고의 천재로 꼽히는 레오나르도 다빈치는 지적 호기심이 많아 늘 새로운 것을 배우고 관찰하며 메모했다고 한다. 인체의 구조와 기능을 알아내기 위해서 30여 구의 시신과 함께 밤낮을 생활하며 연구했다고 하니 후대에게 좋은 본보기다. 이런 끝없는 탐구정신과 열정으로 볼 때, 철저한 관찰과 메모하는 습관이 결국 다빈치를 최고의 천재로 만들었다고 할 수 있다.

부부관계도 이와 같다. 사랑한다면 알아야 한다. 배우자가 무엇을 좋아하고 싫어하는지 관찰하고, 마음과 인생관까지 서로 나누고 배워야 한다. 그때서야 두 사람의 사랑이 더욱 견고해지는 것이다.

레오나르도 다빈치가 한 말을 기억하자. "아는 것이 적으면 사랑하는 것도 적다."

부부관계는 가정생활의 중심이다. 따라서 배우자에게 어떤 영향을 미치며 서로가 협력해서 문제를 해결하는지는 상당히 중요하다. 이런 관계가 유지되기 위해서는 상대에 대해서 알아야 서로 성장하도록 도울 수 있다. 부부는 개인이 가지고 있는 가치관이나 생활습관, 감정에 이르기까지 서로 나누고 함께 배워 가정에 긍정적인 하모니를 만들어 내는 오케스트라라고 할 수 있다.

현대 사회가 급격하게 변하면서 부부관계에도 이상 기류가 나타났다. 점점 가족의 형태가 핵가족이 되면서 부부가 한 가정의 중심이 되었다. 따라서 부부의 역할이나 관계 패턴에도 많은 변화가 일어났다. 문제가 생겼을 때 문제를 해결하기 위해 감정을 효과적으로 표현하고 대화를 나눌 수 있어야 한다. 그렇게 하기 위해서는 배우자에 대해서 꼼꼼하게 배우려는 자세가 무엇보다 중요하다.

배우자에 대해 평생 배우려는 자세

배우자에 대해서는 평생 배우려는 자세가 중요한데 그중에 몇 가지를 살펴보자.

첫째, 나 자신에 대해서 배워야 한다

나에 대해서 배워야 한다는 말이 이상하게 들릴지 모르겠다. 하지만 가장 절실하고 필요한 부분이다. 내가 나를 사랑하지 않으면서 다른 사람을 사랑한다는 것은 모순이다. '네 몸과 같이 사랑하라'는 성경의 가르침은 너 자신을 사랑하지 않으면 절대로 타인을 진실되게 사랑할 수 없다는 의미를 담고 있다. 영국의 철학자 베이컨도 이런 유명한 말을 남겼다. "자신을 사랑해본 일이 없는 사람은 타인을 진정으로 사랑할 수 없다."

내가 누구이고, 무엇을 할 때 행복하고, 어떤 일에 가치를 두고 있는지, 어떤 상황에서 화를 내며 힘들어하는지 알아야 나를 위한 삶을 살 수 있다. 이렇게 내가 나를 바로 볼 수 있어야 배우자도 보인다. 조물주가 사람의 얼굴을 본인 스스로 보지 못하도록 만든 이유는 서로 비춰주라는 의미도 담겨 있는 것이다. 부부는 서로를 비춰주는 거울과 같다.

둘째, 배우자를 알아야 한다

배우자를 아는 만큼 사랑할 수 있다. 알지 못하는데 사랑하는 것은 무모한 사랑이거나 집착이다. 우리가 일반적으로 배우자를 잘 알아서 결혼을 했다고 생각하기 쉬운데 그렇지 않다. 잘 알아서 결혼한 것이 아니라 사랑으로 결혼한 것이기에 잘 알아가야 한다. 그래서 상대방을 계속 사랑하기 위해서는 서로에 대해 잘 알아야 되는 것이다. 시간이 흘러감에 따라 취미를 비롯해 일상생활에서 선호하던 것들이 조금씩 변하는데, 서로 관심을 가지고 소소한 것들을 챙겨준다면 이런 변화가 부부에게는 오히려 관계를 새롭게 하는 기회가 된다.

부부가 시간을 내서 평소 하지 않았던 이야기를 나누는 것도 중요하다. 환경이 여의치 않거나 둘만의 시간을 내기 어려운 경우라면 편지나 엽서를 직접 쓰는 것도 좋을 것이다. 손으로 편지를 쓰면 생각도 정리되고 배우자의 마음도 헤아려볼 수도 있어 꼭 해보길 추천한다.

셋째, 남자와 여자의 차이에 대해서 공부해야 한다

부부는 서로 분명하게 다르다. 성격이나 외모는 물론이고 가치관과 살아온 방식까지 말이다. 거의 모든 것이 다른 두 사람이 결혼이라는 이름으로 함께 사는 것이다. 그러니 두 사람의 차이가 없겠는가? 분명 차이가 있어야 정상이다. 이 차이를 공부하고 노력해서 극복해 나가는 것이 지혜로운 삶이라고 본다.

우리나라에서 이혼한 사유 중 가장 많은 것은 성격 차이라고 한다. 그러나 좀 더 자세히 살펴보면 그렇지 않다. 로봇이 아닌 사람이라면 누구나 성격에 차이가 있다. 연애기간에도 있었고, 신혼 초에도 역시 있었다. 정확하게 말하면 성격 차이 때문에 이혼하는 것이 아니라, 성격 차이를 서로 이해하지 않고 극복하지 못해서 결국 이혼하는 것이다. 사실 이 차이를 극복하기가 쉽지 않다. 그래서 평소에 공부하지 않으면 안 되는 것이다. 이 차이만 제대로 극복할 수 있으면 부부 갈등의 상당 부분을 해결해 서로 웃을 수 있다.

이제는
가슴으로 느껴야 한다

부부는 성숙한 두 남녀가 결혼을 통해 한 몸을 이루는 것이라고 정의할
수 있다. 부부가 한 몸이 되었다는 것은 의미심장한 뜻을 담고 있다.
몸이 하나이듯 서로의 마음과 뜻이 맞아야 갈등이 일어나지 않고 관계
가 좋아지는 것이다. 그러나 부부가 한 몸이 되어 건강하고 행복하게
살아가기란 결코 쉬운 일이 아니다.

• 왜 우리는 늘 다투는 걸까?

부부, 모든 것의 근원

가장 아름다웠던 결혼식이었기에 행복한 결혼생활로 이어져야 하는데도 불구하고, 현실은 그렇지 않다. 아름다운 결혼식과는 비교할 수 없을 정도로 고달픈 결혼생활로 인해 많은 부부들이 힘들어하고 있다. 그 이유가 무엇일까? 단정 지어 말할 수는 없지만 이성적으로는 이해할 수 있다고 생각했던 것들이 가슴으로 전해지지 않아 부부를 서로 힘들게 하는 것이다.

사실 배우자의 말이나 행동을 이해하기 어려울 때가 많다. 게다가 충분히 이해했다고 믿었던 것들을 가슴으로 느끼고 배우자의 가슴까지 전달하기란 결코 쉬운 일이 아니다. 사람의 뇌를 살펴보면 이성을 주관하는 사고두뇌와 감정을 주관하는 감정두뇌의 거리는 불과 몇 센티미터 정도밖에 안 된다. 이렇게 가깝게 있지만 이 둘은 극과 극이다. 부부가 동일한 상황을 만나더라도 머리로 이해한 것과 가슴으로 느낀 것은 전혀 다르다.

실제로 많은 부부들이 착각을 하는데 '서로 이해했으면 다 된 것 아닌가요? 또 뭐가 더 필요하나요?'라는 식으로 말한다. 이런 착각은 가슴 깊이 느끼는 것을 방해한다. 서로 충분히 이해한 것도 가슴까지 전달되려면 오랜 시간과 에너지가 필요하다.

가장 안타까운 것은 한 평생을 부부로 살았으면서도 가슴 뛰는 것이 무엇인지, 가슴으로 느끼고 전하는 삶이 무엇인지 모르고 사는 것이다. 부부는 가슴으로 서로 연결되어 있어야 한다. 가슴으로 전해오는 진한 감동이 없는 부부, 가슴과 가슴이 반응하지 않고 서로 통하지 않는 부부는 오로지 이성적으로만 사는 부부이거나, 사회 관습이나 체면을 세우기 위해서 사는 부부라고 할 수 있다. 부부가 맞닥뜨리는 갈등과 문제가 이런 상황들 속에서 시작되고 있다. 그런데도 다른 엉뚱한 일에 몰입하면서 관심 없는 사람처럼 살아가고 있는 것이다.

밤낮없이 뛰어다니면서 돈 벌고, 집 사고, 사회적으로 인정받고 성공하는 데만 우선순위를 두고 달려가다 보니 정작 삶에 가장 중요한 가족관계, 특히 부부관계는 소홀해질 수밖에 없다. 이와 같은 현실은 어느 한 사람의 문제로 끝나지 않는다. 우리 사회 전체의 구조적인 문제라고 보아야 할 것이다.

한 평생 가족을 위해, 성공을 위해, 꿈을 이루기 위해 물불 가리지 않고 모든 열정을 쏟았다. 그러면서 정작 자신의 가슴에서 외치는 내면의 소리와 신음소리는 외면하고 눈물로 달려온 삶이니 어찌 슬프고 안타까운 모습이 아니겠는가?

우리는 이제부터라도 현실을 제대로 보고 정확한 진단을 내려야 한다. 사회 전체의 구조적인 문제를 해결할 방법을 가족에서 찾아야 하고, 그 가족의 핵심은 부부임을 기억해야 한다. 대부분의 사회병리는 가족이 근원지이고, 가족문제와 갈등의 시발점은 부부라는 사실을 인정하는 것은 그 갈등의 해결방법을 찾는 첫 걸음이다.

가슴으로 느끼면서 계속 연습하라

내가 먼저 자존심을 내려놓고 가슴을 열자. 가슴이 아닌 머리로 살아온 삶을 과감하면서도 조심스럽게 개선해 나가자. 그리고 가슴이 내게 말하는 소리에 귀를 기울이자. 이 뜨거운 마음의 진동을 나의 반쪽인 배우자에게 가슴으로 전달하자.

부부가 서로 하나가 되지 못하면 몸은 하나인데 머리는 둘인 모습이 된다. 두 머리가 서로 다르게 생각하고 판단해서 몸에게 명령을 내리기 때문에 혼란이 일어날 수밖에 없다. 이처럼 가슴이 통하지 않는 생각은 상대방에게 상처를 줄 뿐만 아니라 결국 부메랑이 되어 내게 다시 돌아온다.

배우자를 머리로 이해하고 모든 것이 해결되었다고 생각하면 안 된다. 가슴으로 느끼고 서로의 가슴과 가슴이 연결되도록 하자. '배우자의 심정을 가슴으로 느끼겠다'를 최우선 과제로 삼으면 모든 부부 문제는 해결된다.

부부는 오케스트라와 같다. 서로가 부족한 부분을 인정하고 마음과 힘을 모아 연습해야 아름다운 하모니를 이룰 수 있다. 배우자를 힘들게 하는 행동이나 습관이 있으면 해결방법을 찾아 익숙하게 될 때까지 연습해야 한다. 운전면허증을 땄어도 익숙하게 운전을 하려면 연습이 필요하듯이, 부부의 원리를 깨달았어도 현재의 삶 속에서 실천으로 옮겨야 하는 것이다.

부부들이 실패를 자랑했으면 한다. 실패라는 것은 비록 성공을 하지 못했지만 도전을 했다는 반증이기 때문이다. 제대로 되지 않을지라도 계속 도전하자. 실패하면 뭐 좀 어떤가. 이렇게 해서 두 사람 관계가 건강해지면 이보다 더 좋은 일이 어디 있겠는가!